常禮舉要講記

李炳南教授 編述
徐醒民老師 講述

團結出版社

圖書在版編目(CIP)數據

常禮舉要講記/徐醒民著. --北京：團結出版社，2013.4

ISBN 978-7-5126-1655-4

Ⅰ.①常… Ⅱ.①徐… Ⅲ.①禮儀—中國—古代②儀禮—研究

Ⅳ.①K892.9

中國版本圖書館CIP數據核字（2013）第045168號

出版: 團結出版社

（北京市東城區東皇根南街84號 郵編: 100006）

電話: （010）65228880 65244790（傳真）

网址: www.tjpress.com

Email: 65244790@163.com

經銷: 全國新華書店

印刷: 三河市祥達印裝廠

裝訂: 三河市祥達印裝廠

開本: 170×240毫米 1/16

印張: 12

字數: 150千字

印數: 3000册

版次: 2013年6月 第1版

印次: 2014年3月 第2次印刷

書號: 978-7-5126-1655-4/K.843

定價: 20.00 元

目錄

緣起 ··· 一

正文 ··· 三

本文

（子）居家 ··· 一七

（丑）在校 ··· 一九

（寅）處世 ··· 四一

（卯）聚餐 ··· 四七

（辰）出門 ··· 七五

（巳）訪人 ··· 九〇

（午）會客 ··· 一〇五

（未）旅行 ··· 一二〇

（申）對眾 ··· 一二九

（酉）饋贈 ··· 一四〇

（戌）慶弔 ··· 一四九

一、緣起（編者謹識）

禮節這件事，在人群中，是決不能少的；就是極野蠻的民族，亦有他們的一套禮節。人與人交通感情，事與事維持秩序，國與國保持常態，皆是禮節從中周旋的力量。

自從一般人，不察實際，好奇務怪，起來反對禮教，硬說禮教是吃人的猛獸，主張把他打倒以後，大家就對禮節，存了輕視的心理，自己不去做，也不肯再去教導子弟。這個問題，並不簡單，決不是中國人單獨的問題。行得通，行不通，卻也不敢斷定了！但是現在還是行不通。

請看今天客來了，明天訪客去，這裡來饋贈，那裡請聚餐，東街慶弔，西街開會。仔細一考查，還是把那些禮節，一套跟著一套的排演。有人說這些事沒有學過，誰能曉得。那怕你不曉得，你只管不去做，過後請去聽吧！七言八語，訕笑譏誚，絲毫不客氣的，都發表出來了。什麼某人豈有此理，未曾受過教育、沒有常識、粗卑不堪、不近人情、沒見過場面、真討厭、極可笑、遠著他、少來往，一連串的這些名詞，就都給你加在頭上。你的前途，一切一切，也怕因此受到影響！

再看那些反對禮教的人，見了比他地位高的人，他也是脫帽鞠躬；見了外國人，也是去拉手；不經通報，你直跑進他的房裡去，他也是不高興；他送你東西，你不說謝謝，他也是不痛快。這真矛盾，為什麼他嘴裡反對禮教，他還去拘泥這些形跡呢？可見他們是空倡怪論，自己也不能實行，專去欺騙他人，尤其是欺騙天真爛漫的青年人。深刻一點說，簡直是損害青年人的社會事業發展！

我是在社會裡碰過壁的人，也是吃過無限虧的人。知道沒有禮節，萬事行不通。我深恐青年同胞，不懂禮節，也免不了到處碰壁吃虧，特意檢出通常用的幾條來，貢獻給大家，做個參考。要知禮節是不妨人的美德，是恭敬人的善行，也是自己一種光榮的徽章，是必要通達的！

（編者謹識）

二、正文

（一）居家

【李炳南 教授編述】

一、為人子不晏起，衣被自己整理，晨昏必定省。
二、為人子坐不中席，行不中道。
三、為人子出必告，反必面。
四、長者與物，須兩手奉接。
五、徐行後長，不疾行先長。
六、長者立不可坐，長者來必起立。
七、不在長者座前蹀來蹀去。
八、立不中門，過門不踐門限。
九、立不一足跛，坐勿展腳如箕，睡眠不仰不伏，右臥如弓。
十、同桌吃飯不另備美食獨啖。
十一、不挑剔食之美惡。
十二、食時不歎，不訓斥子弟。

（二）在校

一、升降國旗及唱國歌、校歌時，肅立示敬。
二、師長上下課時，起立致敬。
三、向師長質疑問難，必起立。
四、路遇師長，肅立道旁致敬。
五、聽講時，應端坐或直立；不支頤交股，彎腰，翹足。
六、考試時，不交頭接耳，或左顧右盼。
七、安其學而親其師，樂其友而信其道。

（三）處世

一、無道人之短，無說己之長。
二、家庭之事，不可向外人言。
三、口為禍福之門，話要經一番考慮再說。
四、見失意人，不說得意語；見老年人，不說衰喪話。

五、交淺不可言深，絕交不出惡聲。
六、不侮辱人，不向人開玩笑。
七、與殘疾人會面，須格外恭敬。
八、於肩挑小販苦力，莫討便宜。
九、施恩求忘，受恩必報；開罪於人須求解，開罪於我應加恕。
十、善人自當親近，須要久敬；惡人自當敬而遠之。
十一、遇事要鎮靜，做不到的事，莫妄逞能。
十二、瓜田不納履，李下不整冠。
十三、凡事要合理智，不可偏重感情。
十四、己所不欲，勿施於人。
十五、凡求教他人的事，必須造門請問。

（四）聚餐

一、座有次序，上座必讓長者。
二、入座後不横肱，不伸足。

三、主先舉杯敬客，客致謝辭。
四、主人親自烹調，須向主人禮謝後食。
五、主人敬酒畢，正客須回敬主人。
六、舉箸匙，必請大家同舉。
七、用箸夾菜，只取向己之一方者，不立起向他角器中取菜。
八、箸匙不向碗盤頂心取菜取湯。
九、公食之器，不用己箸翻攪。
十、匙有餘瀝必傾盡，方再入公食器中。
十一、自己碗中之餚菜，不可反回公器中。
十二、箸匙所取餚菜，不倍於他人。
十三、食勿響舌，咽勿嗚喉。
十四、公食以不言為原則，須言亦應避免唾沫入公器中。
十五、咳嗽必轉身向後。
十六、勿叱狗，不投骨於狗。
十七、碗中不留飯粒。
十八、不對人剔牙齒。

十九、客食未畢，主人不先起。

二十、起席，主遜言慢待，客稱謝。

二一、宴畢，主人進巾進茶。

（五）出門

一、衣冠不求華美，惟須整潔。

二、見長者，必趨致敬。

三、登高不呼，不指，不招呼。

四、路上不吸煙，不嚼食物，不歌唱。

五、乘車見長者必下，見幼者亦須與之頷首為禮。

六、夜必歸家，因事不能歸時，必先告家人。

七、車馬繁雜衝區，不招呼敬禮。

八、不立在路上久談。

九、不走馬路中間，越路須先向左右看清，不可與汽車爭路。

十、行走時，步履宜穩重，並宜張胸閉口，目向前視。

十一、遇婦女老弱，應儘先讓路讓座。

十二、途次有人問路，須詳為指示；問路於人，須隨即稱謝。

十三、一人不入古廟，兩人不看深井。

十四、逢橋先下馬，過渡莫爭船。

十五、在舟車上或飛機上，不探首或伸手出窗，並不得隨便涕痰。

（六）訪人

一、先立外輕輕扣門，主人讓入方入。

二、入內有他客，主人為介紹，須一一為禮，辭出時亦如之。

三、入內見有他客，不可久坐；有事，須請主人另至他所述說。

四、坐談時見有他客來，即辭出。

五、坐立必正，不傾聽，不譁笑。

六、不攜一切動物上堂。

七、主人室內之信件文書，概不取看。

八、談話應答必顧望。

九、將上堂，聲必揚。
十、戶開亦開，戶闔亦闔；有後入者，闔而勿遂。
十一、主人欠伸，或看鐘錶，即須辭出。
十二、飯及眠時不訪客。
十三、晉謁長官尊長，應先鞠躬敬禮，然後就座；及退，亦然。
十四、與長官尊長，及婦女行握手禮時，應俟其先行伸手，然後敬謹與握。
十五、訪公教人員，必先問明其上班鐘點，不可久坐閒談。
十六、訪客不遇，或留片，或寫字登留言牌。

（七）會客

一、見先致敬，熟客道寒暄，生客請姓字住址。
二、及門先趨，為客啟闔。
三、每門必讓客先行。
四、入門必為客安座。
五、室內有他客，應與介紹，先介幼於長，介卑於尊，介近於遠，同倫則介前於後。

六、敬茶果先長後幼，先生後熟。

七、主人必下座，舉杯讓茶。

八、客去必送致敬，遠方客必送至村外或路口。

九、遠方客專來，須備飲食寢室，導廁所，導沐浴。

十、遠方客去，必送至驛站，望車開遠，始返。

（八）旅行

一、將遠行，必辭親友，祭祖辭親。

二、遠到目的地，必先拜訪有關人士。

三、歸來必謁親友，或略送土物。

四、遠行之親友辭行，必往送行，事前或贈物，或宴餞。

五、遠方客來拜訪，須往答拜，或設宴接風。

六、旅人歸來拜，須詣回拜，或設宴洗塵。

七、受人之送行及餞別，達到所在地，須一一函謝。

八、人之接風或洗塵畢，須還席。

九、入境問禁，入國問俗，入門問諱。
十、入國不馳，入村裹必下車馬。

（九）對眾

一、他人正談話，不在中間插言。
二、兩人對談，不向中間穿走。
三、不高聲喧嘩擾亂他人視聽。
四、不橫坐，不橫腿，不搊腳。
五、不隔席談話。
六、坐不掀起椅凳之後方。
七、衣帽不加於他人之衣帽上。
八、不向人噴水吐痰。
九、不向人呵欠，舒伸，嚏噴。

（十）饋贈

一、禮尚往來，來而不往，往而不來，皆非禮也。
二、賜人不曰來取，與人不問所欲。
三、贈人物品，必謙必敬。
四、贈人物品，外必用包裹，婚喪慶壽例外。
五、平素贈物，座有他客，須避觀聽，遠來及初晤，可不避。
六、受贈先略謙辭後受，稱謝，逾日須往拜。
七、長者賜，不敢辭。

（十一）慶弔

一、參加吉禮，不談哀喪話，不戚容，不啼泣。
二、居喪不參加吉禮，只送儀物。
三、喪服不入公門，不觀吉禮。
四、賀婚在眾賓前，辭不諧謔。

五、臨喪不笑。
六、裏有殯，不巷歌。
七、飯於喪家，酒不赭顔。
八、佩會葬徽章者，禮終即卸去，不佩帶他往。

（十二）稱呼

一、初見面之人問姓，曰貴姓，問名，曰台甫。自説姓曰敝姓某，説名曰草字某某。

二、有親戚世交者，應各以其名分彼此相稱。普通稱人曰先生或某兄，自稱曰弟。老者長者，稱曰老先生，自稱曰後學，或稱自名。

三、稱人之父曰令尊，母曰令堂。向人稱自父母，曰家嚴，曰家慈。見朋友之父，稱老伯，母稱伯母，自稱晚或姪。

四、稱人之祖，曰令祖公，祖母曰令祖太夫人。向人稱自祖曰家祖。祖母曰家祖母。見人之祖父祖母，稱太老伯，太伯母。自稱己名即可。

五、稱人之兄弟，曰令兄，曰令弟。向人稱自兄弟，曰家兄舍弟。稱人之姊妹，曰令姊令妹。向人稱自姊妹，曰家姊舍妹。見人之兄弟，稱幾先生，或幾兄，自稱小弟。見人之姊妹，統稱幾姐，稱

自曰小弟。（書款則稱侍）

六、稱人之妻，曰令正或尊夫人，向人稱自妻，曰拙荊或賤內。見人之妻稱嫂，自稱己名。（女子可自稱妹）

七、女子稱人之夫，曰尊府某先生，向人稱自夫，曰外子。見人之夫稱某先生，自以避免稱呼為佳，如必要時，只稱本人即可。

八、稱人之子，曰令郎或公子，稱人女曰令愛，或女公子。向人稱自子，曰小兒，女曰小女。見人子稱世兄，自稱弟，稱女曰世姐，自不稱。

九、稱人之孫及孫女，曰令孫曰令女孫。向人稱自孫，及女孫，曰小孫，曰小女孫。見人之孫及女孫，稱幾公子幾小姐。

十、稱人或稱自之已故上輩，統加一先字。如稱人之故父母，曰令先尊令先太夫人；稱自之故父母，曰先嚴先慈之類。稱人已故下輩不必另加字，只云「以前某兄」即可，稱自故下輩，但加一亡字，或云「以前某某」亦可。

十一、稱人之姑丈姑母，曰令姑丈令姑母。向人稱自姑丈姑母，曰家姑丈姑母。見人之姑丈姑母，稱老先生老太太；交厚者，可稱老伯及老伯母。

十二、稱人之舅父舅母，曰令母舅令舅母。向人稱自舅父舅母，曰家母舅家舅母。見人之舅父舅母，稱謂仿前。

十三、稱人之岳父岳母，曰令岳令岳母。向人稱岳父母，曰家岳家岳母。見人之岳父母，稱謂仿前。

十四、稱人之內姪，曰令內姪。稱人之甥，曰令甥。稱人之壻，曰令壻。向人稱自內姪，甥，壻，曰敝內姪，曰舍甥，曰小壻。

十五、稱人之親友，曰令親曰貴友。向人稱自親友，曰舍親敝友。

十六、稱人之師，曰令師，生曰令高足。向人稱自師，曰敝業師。稱自生曰敝徒。自稱師，曰夫子或吾師。稱自曰受業，或曰門生。

十七、稱人之長官，曰貴某長（院部廳局等）。稱人之屬員，曰貴部下或貴屬。向人稱自長官，曰敝某長，稱自屬員，曰敝同事或敝屬，稱其某姓某職亦可。

十八、稱人之主人，曰貴上，稱人之僕，曰尊紀。向人稱自主人，曰敝上；稱自僕，曰小价。

（附說）

一、稱呼一事，本甚繁雜，各地習慣，直接見面之稱，尤多不同，故難備載。本編僅錄其對外交際通常用者。

二、親戚之間，稱呼甚為微細，每有錯一字而貽笑者。茲編本為舉要，專為常用，故不詳載。

常禮舉要講記

【徐醒民 老師講述】

這堂課與大家共同研究《常禮舉要》，這一本書大家都有了，小小的本子，這本書有一些同學已經聽老師講過。

所謂「禮」與佛家的戒律是一樣的，要執持。佛家的戒律在家人當然馬虎一點，出家的有定時的誦戒，為什麼要定時的誦戒呢？就是每誦一遍自己檢討自己任何事照著這個戒律做到了沒有，它有這個意思。我們學禮也是如此，禮在五經裡（現在講十三經）有三禮：《周禮》、《儀禮》、《禮記》。從國家到個人講得很詳細、非常多。這本《常禮舉要》是從那邊摘錄出來的簡單條文，雖然簡單，但現在學起來都是實用的。老師給我們編這些條，都是看現在都能用得上的，就寫下來，我們一邊研究，一邊就照著這樣辦。

《史記》孔子世家裡最後講到「贊」，他曾經說他自己到山東曲阜孔廟參觀，那個時候是漢朝，他還看到孔子一代一代傳下的學生，還經常在孔廟裡研習禮：「諸生以時習禮其家。」這是司馬遷在孔子世家贊裡有這麼一句話。可見從孔子講禮，一直到漢歷代，以至於到清朝都是講禮。我們今天也是這樣，無論過去聽過與否，現在講的不必多，一條就是一條，按照這樣做我們在社會上做事情或做學問，都有很大的幫助。就是拿修道來講，我們聽老師這麼講過啊！懂得禮，禮就是秩序。辦事和研究學問都要講究秩序，拿現在來講，一般是說科學的辦事精神，名詞不同，事實上都是一樣的。現在來講是科學的辦事方法，科學的辦事精神。對過去的中國文化來講，就是講禮，禮就是有條不紊，無論是在人事、自然界都是有條理、有秩序。古人講的禮在十三經《禮記》注疏講過，就拿天下來講，天文、星象都是不亂的，若亂了，這星球碰那星球這還了得啊！這就是天地間自然的一種理。拿地球來講，地球上動植物也都有組織、有秩序，我們人在天地之間，人為天地的三才之一，天地之中，人是主宰、是萬物之靈，當然更要講究禮。

因此，禮無論是自然是人生，都是自自然然的，不是勉強的。不遵守禮，才是不合乎自然，破壞秩序。禮是合乎自然，講禮是遵守禮，那合乎自然的本末秩序就是合理，要瞭解這個大前題，所以《曲禮》上講：「人有禮則生，無禮則亡。」一個人有了禮，懂得禮，依著這個道理做，他就能在天地之間，在人類社會，能夠生存發展，如果沒有禮的話，就很困難，在人類社會到處碰鼻子，招來很多的障礙，就是不在人類社會上，就是在荒郊野外，原始森林裡，如西洋人所寫的《魯濱遜漂流記》在荒島上，這也要講究禮，為什麼？那是自然的，禮的包括範圍很廣，生活起居、一舉一動合乎自然的法則，這就是禮。該休息的時候休息，該工作的時候工作，這都是禮。

我們自己在生活上，若不講究自然法則的話，就把自己身體各方面都破壞了，破壞自己。所以無論講自然講人類社會，都要講求禮。我們修道的更要配合禮。這段講過後，我們看《常禮舉要》，這本書是一篇一篇按秩序編的，也是一類一類的分門別類。「常禮」所謂「常」，示禮、禮之大要，舉共禮之大要。

（子）居家

日常在家庭裡要注意哪些禮？因為五倫社會裡，家庭為基礎，怎麼知道家庭為基礎呢？一切學都是從家裡做起，我們現在講教育，學校的教育固然很重要，家庭教育亦非常重要，家庭有良好的教育，他的本質就好，將來到學校到社會上，基礎不錯。雖然社會風氣不太好，受了很壞的影響，但家庭教育好的與家庭教育不好的比較起來，究竟是好得多。基於這一點，所以一開始就講居家的各種禮節，第一條就說：

一、**為人子不晏起，衣被自己整理，晨昏必定省**。

吾人的教育就是整個文化的整體來講，孝是一個基本的倫常道德，所以一開始就講為人子，做人的子女要怎麼樣？要「不晏起」，就是早晨起來不要起得太晚，要很早就起來。「晏」字有兩種解釋：一是太陽已出來了。早晨的時光，太陽已出來，普通天剛剛明的時候沒太陽的。太陽已經出來的話，時間就不早了，很晚了。二、就是直接的講時間很晚了。無論那一個意思，講時間很晚了就是不錯。早晨不要等到父母都起來了，自己還沒起來，等到父母在叫我們了，還不起來，這就不合乎禮了。

年輕人睡眠貪睡的比較多，尤其是十九歲、二十歲是最好睡的，最不知道醒，但依禮來講，不能晏起。要訓練，訓練早就起來，起來以後，也不能一起床，自己把衣服一穿其他事就不管了。衣服和蓋的被子，都要自己整理好，衣服除了穿的衣服穿好以外，還有睡衣，睡衣早晨起來不要穿了，不穿了也要把它折好，放好，每天放在固定的地方，被子也要把它疊好，每天如此。

軍隊裡，男同學服過兵役的就知道，軍隊裡受訓的時候，早晨起來棉被都一定要疊得方方正正的，這樣要求作什麼呢？就是訓練我們做一切事要有秩序，有條理，不要亂，每天如此。拿現代科學名詞來講，就是一個人的行為訓練，一個人的行為訓練不簡單，無論是任何動物，行動的訓練不是一下子就能訓練得好的，是慢慢的，日久天長養成習慣，就會直接的反應了，能直接的反應，什麼樣的行為就大致差不多了。

有秩序，長久這樣訓練的話，不知不覺身體就這樣反應，這一點對我們修道念佛的，可是很有關係，我們為什麼阿彌陀佛、阿彌陀佛，常這樣的念呢？不念時心裡也想呢？這就是「有」門入，從行為上訓練起，一生的訓練到最後，到臨終那一念，那一念頭到處跑不能管束自己，但行為訓練到成熟的時候，就是到生死關頭，直接的反應自自然然的就不會亂，一心不亂包括這個行為上面，這一點很重要。

因此懂得家庭教育的，從小孩子時就要這樣長時地訓練他，讓他把衣服，被子摺疊好，自己的東西自己整理，為什麼要自己整理呢？大人也可以替他辦啊！不是大人辦不了，而最重要的是要教育，讓他養成辦事獨立的一種精神，什麼事情要自己辦，這是一層。再者「晨昏必定省」晨起早晨，昏是晚間，《禮記·曲禮》中講，「凡為人子」，人子之禮是什麼呢？「冬溫而夏凊」。「凊」不是三點水，是兩點水，一個青天白日的「青」字。「冬溫而夏凊」是什麼呢？冬天要給父母所睡的床鋪，內地的冬天或者是用暖壺或者用火爐，這火爐是特別捂在被子裡的，外邊很保險，放在裡面很容易一下子把被子暖了。夏天呢？「凊」是一種清涼的，清爽的，夏天天氣熱，做子女的要把父母親所睡的寢室的床鋪，把他所用的墊子，席子抹得乾乾淨淨的，汗氣沒有，再把它扇得很涼爽，「冬溫而夏凊」。

再來是「昏定而晨省」這個「定」字就是床鋪上用的被子，夏天用的席子，要去檢查，冬天的被子毯子，要把它鋪疊好，夏天用的墊子要把它安置好，這叫做「定」，定就是安的意思，這是晚間的事情，一定要把父母親招呼就寢了以後，再回到自己房子裡邊去睡覺，不能說父母還在那兒還沒有睡，自己老早就跑去睡，這在古時候是不許可的，現在當然有許多已不大講究了，老早自己就去睡了，其實「禮」應讓父母親先睡，睡安、睡好，一切都安然了，自己再去睡，這叫「定」。早晨起來是晨呢？早晨要去省，省就是要到父母房間去看看省察省察，看看父母這一夜是否睡得好，早晨起來，再問父母有沒有吩咐的事情，這都是必須的。在古時候的建築，比如說中等以上的家庭，父母是一個房子，子女各有自己的房子，不在一起住的時候，早晨起來要更早，到父母房子裡去問安，如果是貧寒之家，房子沒有那麼多，這個時候也要知道父母習慣在什麼時候起床，這個時候到父母房子那裡去省察，看看父母這一夜是不是睡得很安，這是「省」。定是指晚間講的，省是指早晨講的，為什麼這樣做呢？小時候就這樣訓練，訓練到習慣了，到自己有了年歲了，父母更年高了，年高更是要這樣做。

現在很多人不這樣做啊！在外國人常常有這個事情，大概在工商業社會，我們臺灣現在也有這種事情了，子女讀完大學以後，各人就業了，不能跟父母再住在一起，到別處去住了，這是沒辦法的。往往子女不住在家中，父母年紀老了，或者是有父母在一起，兩位老人家互相還有個照應，如果是父親先去世，或者母親先去世，只有一位孤單的老年人，一個人守在自己的空房子中，往往有了病，死在房子中還不知道，不只是美國人，其他外國也常常有這種情形，往往死在房中好幾天才被人家發現，為什麼呢？有些老年人不一定有病，但年紀高時，天氣一轉變，身體有點毛病，別人還沒什麼注意，他一夜之間天氣一變化，早晨就起不來了，往往有這種情形。所以，做子女的從小就要訓練養成習慣，到了父母年紀老的時候，他就更要注意了，晚間要去給他鋪好床，當然要觀察他的身體是不是很好，早晨去看，重要的也是要注意父母的健康如何。

「晨昏定省」這是盡子女的一種孝道，古來人人講「養兒防老，積穀防饑」，現在人覺得這句話落伍了，養兒怎麼防老，現在社會很多結構都改變了，然而所謂：「養兒防老」除了衣食的意義以外，還有疾病，尤其在老年人臨終時，更需要子女來照顧，若子女不能照顧而送到醫院，在醫院不見得要子女來照顧，因為醫生護士只是把他當病人看待，好多情況瞭解得不那麼周全，而子女看自己父母則情況不同，這都是要從小開始一點一點在行為上面去練習，去盡孝，這是一條。

二、為人子坐不中席，行不中道。

這也是在《曲禮》講的，這是從那裡摘要出來的：「為人子者，居不主奧，坐不中席，行不中道，立不中門。」有這幾句話，我們就講這兩句。「坐不中席」，這是講吃飯的，吃飯坐在桌椅之席位，這個自古以來到現在還是要講，在家庭裡面就要訓練好，到社會上才知道何種席位在哪個位置，哪兒是首席，哪兒是次要的位子。家庭中不訓練的話，父親坐的位子，小孩子也上去坐，這一點不知道的話，將來到社會上也是不知道，人家修養好的放在心中不講出來，這家子弟家教不好，如果有人不含蓄的話，馬上就表示出來，這就教你難堪。社會上如此，佛家也講禮節。在叢林寺廟中，正式的過堂那不必說了，就是非正式的過堂，普通的吃飯的席位也要講究。出家有所謂戒臘，比如說你年紀比他大，但你受戒比他晚，戒臘就比他小，你就應該坐在比他次的位子。就有一位戒臘很新的沙彌，他忘記了就坐在首席的位子，其餘的就說：「你去年才受戒就坐到首席的位子，那我們坐到那裡去？」在佛家的戒律講得非常嚴格，你要看身分，主人坐在哪裡，首要的客人坐在哪裡，你都應該瞭解。

「坐不中席」是什麼呢？座位、桌子有方桌、圓桌兩種，我把它畫圖出來給大家參考：

第一式

方桌排排法(一個主人)

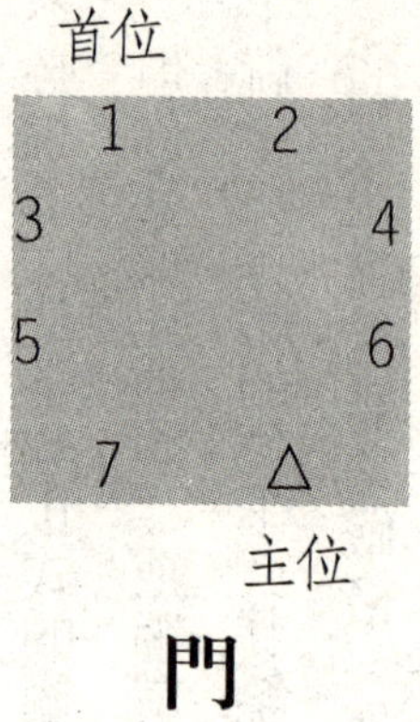

第二式

方桌排排法(男女主人)

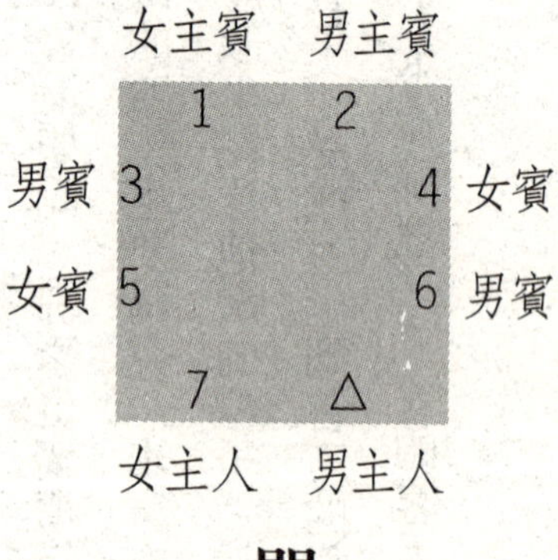

按照方桌子是這樣的，按照號碼，一號二號，分別是第一及第二客人坐的席位，家族是以輩份來序的，社會上則以年齡、道德來序，坐的位子就按照這號數次第，空的那個三角形是主人的位置，主人坐在最末的位置，方的是如此。圓的桌子是按照鐘錶形的，排的時候先當中的，一號是坐在靠房子裡面的，背對門口的即是末位，這是中餐的坐法。西餐則不同，無論是四方或長方桌，男女主人是面對面，女主人在第一個位子，男主人在最末，兩旁是客人，愈接近女主人那一邊，位子就愈大，同時男客人是間隔坐的，中間則坐女客人。

第三式

圓桌排排法（一個主人）

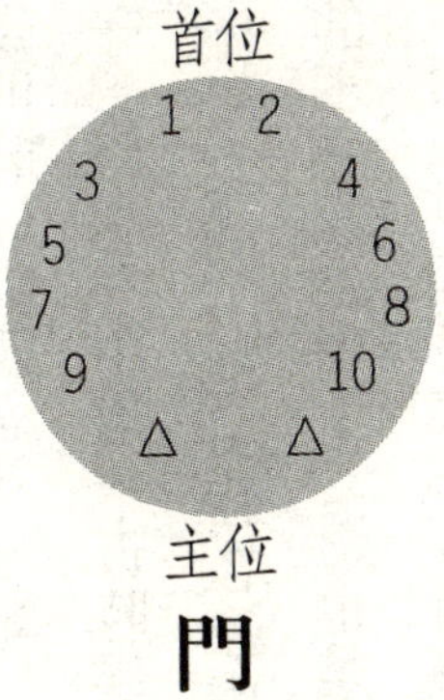

第四式

圓桌排排法（男女主人）

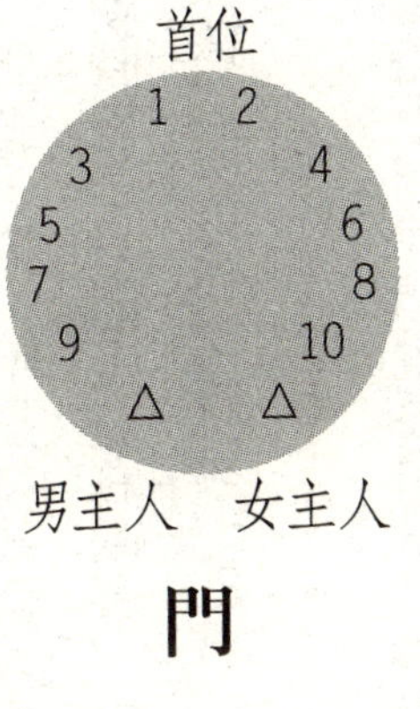

按照中國的《曲禮》講：「男女不雜坐」，男女不能間雜坐席位，應該要分開的，但西洋人認為男女雜坐是一種禮節，應該如此。所以中西文化正好是相反，我們沒法批評人家，因為他一開始就是這樣，所以現在吃西餐必須守西餐的禮，我們若不習慣他的西餐，不參加就是了，你要參加就得跟隨那種禮。

所以說這個禮不論是中國或外國，規矩雖然不同，但是一定要遵守它，這個原則不是會變的，譬如吃西餐時，刀叉怎麼拿法，拿麵包是拿哪一邊的，除了飲料及酒可以端起來以外，盤子就不能端起來這樣吃，人家會說你一定沒吃過西餐，這都是禮。這裡講「為人子坐不中席」，在家庭中為人父母的就要告訴小孩子不要坐在主要的位子，因為主要位子在家中是父母尊長所坐的，你到外面作客，人家是正式宴會，他首要位子是主要客人，你是不是主要的客人呢？這個不瞭解的話，那你就不如禮了，會招來人家的笑話。

我們學禮只是個原則，「坐不中席」是一個原則，除了入席以外，其他凡是講禮節的場合都要注意，譬如不是宴會，你到一位朋友家，有三、五位以上的客人，那你就要看房間的方向，愈在裡面的位子愈尊貴，那你就要讓在場那些年紀比你高的坐在裡面，而你就坐在外面，還有現在一般集會的典禮，有臺上或臺下的，一般臺下位子愈前面愈尊貴，而臺上愈接近主席的愈尊貴，你不能一下就跑去說我跟主席坐在旁邊，那就不行了，要坐到外面來，以此類推，「坐不中席」就是這個意思。

還有「行不中道」，在古時候，家庭中都講究禮教，到一定的年齡，男女應該異路，女子有女子走的路，男子有男子走的路，所謂「中道」，不要走在中間，各有各的道路。如果家中只有一個路，這時候彼此走的時候都要靠邊一點。在《禮記》中講，所謂「禮」不是為某個人講的，而從普通人到皇帝都要遵守，所謂「中道」古時候皇帝走中道，上朝時臣子只能走左右兩旁，中間不能走，是尊敬皇帝。在家做子女的，他父親在家中，就等於皇帝一樣，所以稱父親為「嚴君」，中道是父親所走的，做子女的不應該走中道，這也是尊敬長輩。

我們現在可取其精神應用在日常生活上，譬如在馬路上，我們也要儘量靠邊走，否則就很容易發生車禍。家中的門，也是靠邊走，你讓人家這都是禮貌。所以「行不中道」含有禮讓的意思在上頭。

比如現在大建築物都有電梯，人家電梯門一開了，你站在旁邊有次序地進去，如果你不守秩序，在當中一站，等著進去，那人家怎麼出得來呢？你靠到一邊禮讓人家，就到處不會惹人討厭，主要的意義在此，原則都是可以應用的。

三、為人子出必告，反必面。

《曲禮》中說：「為人子者，出必告，反必面，所游必有常，所習必有業，恒言不稱老。」就是說有事情離家到外面去，無論時間的長或短，都要稟告父母親，因為告訴他以後，他知道子女到什麼地方去辦事，什麼時候才會回來，這是一個；再者，一般所講：「天有不測風雲，人有旦夕禍福。」你出門時不能保證在外面一定能平安的回來，現在交通這麼複雜，就更難說了，所以告訴父母之後，到那裡去，何時回來，父母瞭解了，在這段時間他知道你在什麼地方才放心。如果超過時間沒有回來，他就可以打聽，如果不告訴的話，做子女的讓父母親在家中著急，這是不孝。

就拿一個團體來講，它都有管理的，比如說到外面旅行，也要受帶隊的人指揮，你不能隨便地不告訴他而單獨地行動，出門時要稟告，再推廣來講，比如說要出遠門，或者一個星期，或者一個月才能回來，這不但要告訴父母，也要告訴尊長，向他告辭，這是一個禮節。

再說「反必面」，是指作子女的，按時回來了要去見父母，看看父母的顏色、健康狀況是否安好，等於「晨昏定省」一樣，「反必面」是必須要注意的。一則就自己來講，看看父母是否和原來一樣，再者就父母來講，回來時稟告他，讓他安心。為什麼呢？做子女的不知道，你自己有了子女，做了父母時，才能體會到做父母的心理，子女年紀小當然不必說，就是年紀大，成年了，在父母眼中，你還是小孩子，他恐怕你一舉一動還是毛毛躁躁，恐怕在外面有疏忽的時候，發生事故。

就拿到外面郊遊來講，年輕人喜歡冒險，登山玩水那裡都有勇氣去，可是這在「禮」上就不許可。「父母在，不登高，不臨危」，父母在世時，你不能攀登很高的地方，也不能去危險的地方，因為萬一發生危險時，父母的心裡會怎麼難過？我們的身體是來自父母，應該要替父母著想，不能為所欲為。「反必面」就是回來時要告訴父母，使他心裡安心，所以「禮」並不是要限制人家，讓人覺得這樣做很麻煩，而是一個人有了良知良能，他天性要如此，必然是這樣做的；有些人不這樣做，他是學壞了，違背了天然的理。

比如牛來講，母牛養的小牛，母子常在一起，如果用人為的力量把小牛牽走，母牛會一直在叫。小牛也在叫，母子分開來，叫了半天，再把小牛帶回來，這下可不得了，兩個聯合起來在一起叫，好不容易能會面了。高等的畜生都是這樣，何況是人呢？他的天性就是如此。現在有些人學了壞風氣，自己毫不在乎，可是想想看是愧作了這個人，應該如此嗎？這是「出必告」「反必面」。

四、長者與物，須兩手奉接。

長者包括父母師長，比自己年紀大的，都是長者，還有同一個家族，他年紀比我小，可是輩分比我高，也是我的長者，或者是外戚，比如說你的年紀比你的小舅舅還要大，但他是你的長者，他給你東西，你也得跟長者一樣看待，不能一手就接過來，必須兩手接著才合乎禮。

這個「奉」在這裡讀作「捧」。兩個字一樣，兩手捧著就是承受的意思。人家送東西給我，我兩手捧起來承受，接受下來，所以這個「捧」就跟「受」字一樣。「受」字楷書是這樣寫法，象形字上面是兩個手，手爪子中間表示是一個東西，一個「冂」下面又是一個手，雙手接才合禮。長者把東西交給我們，為了表示尊重他交付的東西，深怕把它掉下來，雙手捧起來的話，表示把它承受得好好的，不要掉下去。

學禮要舉一反三，我們從長者那裡接受東西要用兩手，當我們呈獻東西給長者也是要用兩手送過去，而且按照禮應該是齊眉，或者最低限度當胸拿高一點，比如說我們上香時拿過去，長者他負有教導的責任的話，馬上就要糾正你的不對；在外面，這長者沒有負教導你的責任的話，他在心中就會對你的父母師長不以為然，這種簡單的平常的禮都不教。你看我們很細微的舉動，就給父母師長招來侮辱，這是自己的罪過。

現在我們不管人家懂不懂道理，我們送東西給人家，照著規矩來，人家不會以為你怎麼這樣落伍，都會對我們有好感。不但對長輩，對平輩也應該這樣。總之，我們東西交給人家，授給人，「授」是教授的授，除了「受」字外，旁邊還加個「手」字邊，三支手，我們從造字裡面想，更是要自己看重。尤其在現在常有頒獎，頒獎時是上面頒發證書、獎狀或獎牌，他當然是長者。長者也要雙手遞過來，接的人更要用雙手穩妥地接過來。若是由你頒發給人，則要穩妥地讓他抓好了，你才放手。如果對方沒接好，你就放手，那獎狀在典禮場合中，這麼一掉下來，就很失禮了，掉下來的獎狀是一張紙或一個木頭牌子，也還罷了，若是大理石雕刻的，那就粉碎了，當時，誰難堪呢？所以從小對這些事情就要訓練，一舉一動，走路、手所交付的，所接受的都要穩重。

行為上的訓練，做事一向如此穩重，自然地就習慣了一切的禮，而能一體萬用。就拿寫字來講，從小就要練習一筆一筆的不要苟且，上了國中、高中就變了，到了專科、大學寫得就不成樣了，他一橫一直都是波浪式的，畫得讓人看不出來。你平時寫的字，讓對方不瞭解，有時郵政劃撥買書，對方看不懂住址是幾巷幾弄幾號，可能把書寄到別處，你就無法收了。

再講到現在一般的考試，普考、高考也好，你的字寫得不正規的話，看卷子的先生一看就頭痛，你文章寫得再好，其他學科也答得很正確，他一看就不行，就算現在用電腦閱卷，你數目字寫得不對，資料處理也就錯了。所以，總要守住規矩，要從小到大訓練不苟且，從寫字到做人做事，一切都不能草率，這樣做什麼事都一本正經，規規矩矩，你修道辦事沒有不成功的，這也關乎一個人的前途。同樣去考試，你字寫得比別人端正，他就比不上你。其他一切無不是如此，所以「兩手奉接」表示尊敬、穩重，應用到日常生活上，則是一體萬用。

五、徐行後長，不疾行先長。

這是走路時的規矩，你跟長輩一同到外面去，走的時候，你要在長輩的後面。「徐」是慢慢的，跟在他後面，你不能說長輩走得這麼慢，我跟在後面不耐煩，就超前走吧！我來引導他，我快一點，也許他就會更快一點吧！這就不對了，不能這樣做。他慢是他的體力衰了，不能夠快，你要耐心的跟他後面走。

在《曲禮》中也有講到「年長以倍，則父事之」年紀比我大了一倍，以父親的禮來對待他，「十年以長，則兄事之」年紀比我長上十歲，我就把他看成我的長兄、兄長。「五年以長，則肩隨之」比我大了四、五歲，我跟他一起走的時候，所謂「肩隨之」是可以並排，但也不能完全成齊的，你稍微比他肩膀後一點，所以「隨」字就是你的肩隨著他的肩，這比較寬一點。假如「長十年」兄長，「長以倍」比我大上廿歲，這樣的話，我只能跟在他後面，而不能用肩隨，是應該這樣的。

對父兄是如此，在社會上對一般年長的人，我們也應該如此。禮是原則性的，比如上汽車或者火車，也應該讓長輩先上，你在後面幫著扶持，避免他不小心跌倒。再如長輩騎車子，你也騎車子，和走路的原則一樣，還是要跟在後面，不過有一個可以變通，這裡是講的跟長者到達某個地方去，那當然要跟在後面，假如不是同時出發，而在半路上遇到，你又有必要的事情，這就可以權變了，你可以跟他打招呼，稟告清楚，恕恕罪，有事得先走，取得長者的諒解，就可先走。若泥於呆板，反而覺得禮礙手礙腳了。

所以在五四運動那些人，也許自己不善讀書，也許他故意找麻煩，他遇到這些地方就指出來告訴那些先生，你守禮就是有這些不方便的地方。其實哪有什麼不方便的地方呢？「禮」是通乎人情，不是死板地那麼講，死板板是不懂，沒有徹底瞭解。所謂「徐行後長，不疾行先長」是兩個同時出去，一起到某個地方辦事，這麼講的，原則是如此，還有變通的地方，這是要瞭解的。

六、長者立，不可坐，長者來，必起立。

無論古今中外，讓人家坐是個禮節。站在那裡總是侍候長者時，應守的禮。比如一國的元首，到他國訪問，他都有侍衛長，你不能說元首到一個地方，站在那裡，而侍衛長坐在那裡，沒有這個道理。一定是元首坐下來，侍衛長站在他後面。為什麼有站著有坐著呢？站在那裡總是比較消耗體力，而坐著則比較安逸，坐著則不如躺下來更舒適。當然一般禮節，不能躺在那裡，坐著比較合乎道理。所以有長者在場，他站著，我們身份比長者低，就不能坐下來。家中有客人來，對小孩來講，客人都是長者，客人沒坐下來，小孩也不能讓他坐。

「長者來，必起立」，長者到我們家來，我們還是坐著不動，這當然不敬，外國禮節也是如此。如果洋人來了，我們坐在那裡不動，他也會見怪我們：怎麼那麼傲慢，我來了，你動都不動。所以一定要起來招呼，表示歡迎、尊敬，這也是要慢慢地養成習慣，有客人來，他的舉動不待教，自然就表現出合乎禮節了。

七、不在長者座前踱來踱去。

長者的座位，就古時來講，國家中有皇帝的，大臣的座位；家庭中有家長經常坐的位子，它有一定的位置，家長坐在那裡時，你不能在他面前跑來跑去。「踱」字本來的意思，是赤腳在走路，現在一般人講是漫步，踱方步。長者坐在那裡，我們大搖大擺地在那裡旁若無人地走來走去，是不合乎禮的。

按照禮來講，長者坐在那裡，我們做晚輩的人，沒必要時不要經過他面前，有事情時，要小快步地走過，小的快步走。「趨」字，《論語·季氏》篇，孔子的兒子叫鯉，「鯉趨而過庭」孔子在家中站在那裡，孔鯉經過面前，「趨而過庭」不是漫步地走來走去，而是很快地走過去，這就是禮。

再講到更重要的場合，在皇帝的座位前經過，更要注意，在朝庭中步伐走錯了就失禮。官位再高，能力再強，連基本的禮都不懂，那就完了。宰相、大臣在朝庭中也有固定的位子，當皇帝辦完事，經過大臣的位子，就是大臣不在那裡，他走到空位子面前，也要表示禮貌，不能若無其事的沒有一點表示。在古時，不但位子，就是君主所住的房子、宮門，大臣在外面馬路上坐車經過那個地方，都要下車，表示禮貌，何況長者坐在那兒，你更不能旁若無人踱來踱去。

尊敬長上不是一朝一夕就能瞭解，辦到的，所以古時的教育，從小灑掃、應對、進退都包括在其中。這些似乎都很簡單，但是很多人都辦不到，因為他從小沒有養成習慣，長大時就改變不過來了，好壞習慣都是慢慢養成的，由細節養成一個人的小節，小節就影響到大節、人格。細微的方面就是這個禮，慢慢地就養成一個真正的所謂君子，循著這方面去做，關乎一個人的前途，這是非常重大的影響。

八、立不中門，過門不踐門限。

這也是從《曲禮》中摘錄出來的，在《論語·鄉黨》篇也有兩句話說孔子「立不中門，行不履閾」。「履」是腳踏到面，「閾」就是門限，「中門」就是中間的門，古時正式的建築都有三道門，這一家的主人都由中門出入，其餘的人由兩邊出入。朝廷中的中門，只有天子出入，臣子都是從兩邊。現在寺廟中也是如此，中門平時都是關起來，而從兩邊出入，從那邊進，由這邊出，這是有一定的。「立不中門」本來是講三個門的，假如像現代一般家庭只有一個門，則取其意思為，在家中不能站在門口當中，而要站在旁邊，以免擋住別人出；再如上下樓梯，也要靠邊走，不能在當中走而擋住人家。

「過門不踐門限」，你經過這個門，不要用腳踩門限，門限現在很少用，過去一般都有門限，就是門的下面有個木頭橫過來，跟地面是齊的，有的叫「門柵」比地面高一尺或二尺，它是活動的，可以放下來或拿起來，平常是放下的。所謂「限」是限制內外，有內外之分，也叫做「閾」。為何不踐門限呢？注解皇侃《疏》有兩層意思：第一，因為門限是高起來的，腳踩到門限上，身體提高了，這是一種自高的意思；再者，腳踐在門限上，鞋底下有泥灰，把門限弄髒了，別人再過去時，古人都是穿長衣、長袍，拂在門限上，就把人家的衣服弄髒了，有這兩層意思。

但是到了清儒焦循解釋《禮記》時，又大不相同，他說門限在古時，從朝廷到一般人家，尤其是比較富貴之家，多半都有車子，放在房子中，出大門時，車子要開出去，門限就要拿走，不開車時，門限就放下來。開車時或有正式客人來了，門限撤除，就談不上踐門限的意思。拿這個就代表一個意思，這門限在朝廷來講，是君主出入的通道，在家庭來講，就是一家之主，家長出入的，為臣做子女的就不應該從長者、主人的通道出入，有尊崇長者的意思在當中。並不是說踐這個門限。拿現在來講，我們普通都沒有門限，可以解釋為，到人家門中，要先把鞋底擦乾淨再進去，同樣道理，到人家家裡作客，不要把人家環境弄髒，「不踐門限」廣義的精神是如此。

九、立不一足跛，坐勿展腳如箕，睡眠不仰不伏，右臥如弓。

《曲禮》上講，「立勿跛」，站的時候不要像跛子一樣，我們普通人站著要兩腳著地，很正直地站在地上，跛子因為一隻腳壞了，只有一個著地，另外一個懸空起來無法著地，這叫跛子形狀。一般人常常右腳站著，左腳伸出來，腿還彎起來，站起來就跟跛子一樣，在儀態方面是不對的。我們男同學服兵役時，立正時兩腳站得穩穩的，稍息時，兩腳仍是平均地著在地上，這才正確。以前的稍息不是如此，右腳著地，左腳往前踏一步，可以輕鬆些，那就是跛。一腳跛著那種形狀是隨便的，尤其我們與人家談話，或是見了長者，平時養成這種習慣，那就很失禮了，所以站的時候，要有站相。

坐呢？「勿展腳如箕」坐在那裡，應將兩腳自然地放在地上。「展腳如箕」則是把兩腳分開分得很大，箕就是鄉村裡用竹子皮編成，畚土的畚箕，上面是小小的，到前面展開成很大的面積，我們坐在椅子上，如果把兩腳斜斜地撐開來，就跟畚箕一樣，這樣展開來是很不雅觀的，尤其是女生更不可以。再說，把腳撐很遠，人家經過時一不小心就給絆倒了，所以坐時不要展腳如箕。

睡眠呢？不仰不伏，右臥如弓。《曲禮》中說「寢勿伏」，趴著睡叫伏，它只說不可以伏，但可以仰臥或側臥，仰臥就是仰著身體睡，側臥就是側在一邊，側哪一邊呢？它也沒講。我們老師比注解的高明，因為他這裡講「不仰不伏」固然不能伏，也不要仰，伏是不雅觀的，仰更不好，因為在生理上來講，我們的五臟是在前面，後面是脊椎骨，仰的時候五臟張開來，所吃的東西壓在上面，除了吃的東西不消化，傷害腸胃以外，還有其他很多不好的地方。最好是側臥，但不是左側，而是靠右側，依照生理結構來講，靠右的時候，裡面五臟很自然彎一點，不是很直，因為我們人的身體結構，稍微有一點彎，血氣的運行很流暢，很合乎自然。

所以古人的養生學上講，「立如松」，站在那裡就跟一棵松樹一樣直；「坐如鐘」，坐下來就像一個大鐘在那裡，穩穩當當的，腳、身體都很直的，「行如風」，走路就跟風一樣，風是往前吹，是直的，走路就是一直往前走，跟風吹一樣。「臥如弓」，睡覺時就像一張弓在那裡。過去我們老師講「臥如弓」的時候，他還曾經做過示範。靠右邊臥，右手托腮，右腳打直，左腳稍為彎一點，靠近右腳左手附在左大腿上面，儀態很壯嚴，也非常合乎衛生。所以道家的睡覺就是這麼睡的，因為道家是練氣的，這樣睡的時候，氣不會散，一個人睡眠時，最重要是不散氣，而要聚精養氣的。一個人的精氣神是身上的三寶，晚上仰睡，精神一鬆懈，氣一張開，精就流失了，往往有這個關係，所以，道家養生是側臥如弓。

十、同桌吃飯，不另備美食獨啖。

就同一個家庭來講，同桌吃飯時，最好任何人都不要另外預備特殊好吃的東西，某個人專門在那兒吃一份好的，別人不能吃，養成一種不平等待遇的觀念。做家長的這樣吃，就暗示家庭的子弟，他將來做家長也這麼來，就不大好了。

當然，到子女成人以後，他來奉養父母的時候，那又另當別論。《禮記》上也講「父子不同席」，專門叫父親單獨在一個席上，你弄好的東西，這是應該的，與這個不相關。這是指一家人在同一桌吃飯，或是有朋友，或是普通的宴會，所有吃的東西，都應該是大家一律同等的，你要專門預備某種最好的食物，一個人在吃，別人在看，這總是不大好，讓人家覺得是不平等待遇。

十一、不挑剔食之美惡。

吃東西不要挑剔，這個好吃，那個不好吃，或者偏食某種東西，做家長的要好好教導子女。第一層，就偏食來講，吃東西要平均，營養要平衡，身體才能發育正常，否則缺乏某種營養的話，將來身體不會好。再者，即使在營養上沒有關係，專挑好的吃，不好的東西就不吃，養成這種貪吃的習慣也不好，一個人應該從小就養成不要在飲食上這樣挑剔。

《論語》中孔子講過：「士志於道，而恥惡衣惡食者，未足與議也。」一個讀書人，其志向是在求道，像顏淵一簞食，一瓢飲，他都能樂在其中，因為他志不在飲食，他有更高的樂趣。當一個人有更高超的志向時，對於其他次一層的，他就不大注意了。反過來說，如果我們只是要求吃得好，穿得美，專門在五欲六塵上講究，你的道就不行了，不能說兩者兼顧，這是自古以來都辦不到的。

假如說我又講五欲，又講道，兩者都兼的話，那是假的。凡是用過功的人都知道，他只要將興趣放在任何一門學問或藝術上面，自然他對其餘的就淡薄了，這是研究心理學就會知道的。他對食這方面特別注重，他的興趣就在這上面，不用講人家一看就看出來了，他就沒有道。所以在佛家口講「禪悅為食」，禪就是禪定，對於道上有了心得，能夠入門了，興趣在這上面就可以當飯，這是一點也不假的。

就拿我們現在念佛來講，我們大概普通念佛或者做早晚課時，都是認為定下來，早晚課是定了，希望趕快把早晚課作完，等著要吃飯，看其他的書，或做其他的活動。這樣念佛不行，要養成其餘的一切事情沒有很高的興趣，只有念佛才是最高的興趣，我全天所做別的事情都是為了幫助我來念佛，我一天當中，念佛才是主題，你把心理或者興趣一轉變的話，念佛比吃飯還要有味道，這樣念佛就差不多了，進步就很快了。反過來說，念佛也非念不可，但是比較起來，吃飯、吃好的東西興趣較濃，念佛的興趣較淡，如此要想解脫的話，就很難了，因為吃飯是五欲之一。

老子說：「五色令人目盲。」一看到好看的東西，一引誘佛號就忘了，此乃道力抵不過五欲，所以儒家講，不要恥惡衣惡食。子路是「衣敝緼袍與衣狐褐者立而不恥」，因此孔子很讚歎他，就是嘉許他的心在道上，其餘的都不注重。我們明白這個道理了，也可以如是學，要把心中的境界轉變過來很難，但是要轉，慢慢轉，習慣是漸漸養成的。

世間萬事萬物覺悟了就是佛法，如何覺悟呢？唯識學講一個「轉識成智」，我們的「識」都是迷惑的，「智」才是明瞭，要把迷惑的心，轉成明瞭的心，就在一轉念之間。「轉」就是把世間萬事萬物一般人認為是這個樣子，從一般人看起來，我們也是跟一般人一樣，但是我們的內心自己知道與人不同，雖然我們也跟人家一樣吃飯、睡覺，但是吃飯時，我們心理與人不同。

在寺廟依照戒律是持午，過午不食，但是現在一般都辦不到，晚上還是要吃飯，他卻講不是吃晚餐，而是「進藥石」就是吃藥品。我們的腸胃從中午吃了午飯後，一直到明晨，這麼長的時候不吃飯，腸胃受不了，得吃飯，可是這不是吃飯等於吃藥一樣，這是有道理的。我們普通人三餐吃飯時，不把它當作飯，而很有興趣的今天又吃什麼好，明天到菜市場去挑選最好的來吃，那興趣就集中在這上面了。如果我們修道人把它當藥石看就行了，吃飯是維持色身的，需要這個色身來養我的慧命，為了這個色身，我們要吃飯，喝水，在外人看來，我們三餐也吃，也喝什麼的，但是我們心中不是如此，這就對道不妨害了。所以，什麼都是在轉念之間，一轉念就行了。

十二、食時不歎，勿訓斥子弟。

吃飯時，不要歎氣，自己心情不好，吃飯吃不下去，對同席的其他人也會產生影響。再者，做家長的教子弟要看時候，在飯桌上不要訓斥子弟，他高興地在吃飯，你卻在此時教訓他，心中一肚子不高興，勉強把飯壓下去，氣體與食物兩相衝突，一定會出毛病。自己情緒不好，一面歎氣一面吃飯，身體也會受影響。當一個人情緒不好時，體內的氣體與液體都發生變化，比如心跳加快，血液流通也快，對身體造成不好的影響。

在印光法師《文鈔》中提到一件實在事情，有位婦女在生氣時，喂母奶給嬰兒吃，結果嬰兒竟然死了，檢查結果什麼也沒有，小兒只吃母奶怎麼會死呢？有位醫生很高明，他想辦法在婦女發脾氣時，把奶抽出來，與平時不生氣時抽出來的奶，分析化驗比較，結果發現前者的奶中有很多毒素，也就是說，當一個人憤怒時，全身的細胞，血液都產生毒素，擠出來的奶都可以把抵抗力弱的嬰孩毒死，可見得如果毒素存在自己的身體中，當然有不良影響，不良作用，所以有很多情緒在平時不發洩，在吃飯時才發洩，這是非常不合衛生的。

以上是居家的禮儀，一共十二條，從古至今都非常適用，大家瞭解後，最重要是實際照著做。

（丑）在校

這是講在學校的事情，前面在居家的時候，開始先講孝，然後講一般最常見的，應該注意的事情。現在是講在校讀書時，應該遵守的一些禮節。

一、升降國旗及唱國歌、校歌時，肅立示敬。

這一條大家一定要這樣做，因為國旗與國歌是代表國家的，向國旗敬禮，聽見國歌肅然起敬，就表示敬重國家。有些學生在學校升降旗時，立正是立正，心中是否很肅敬呢？這就很難講了。不但是外表站在那裡，心中也應該寧靜，專注在國旗上，唱國歌時就一心一意地專注在國歌上面。

二、師長上下課時，起立致敬。

不但是在學校中，上下課時要起立致敬，就是在一般場合中，凡是要講敬禮的時候，就要有鞠躬的動作，把腰彎下去，不要像一般的毛病，只是稍為點頭，那是鞠項，而非鞠躬，表示一種傲慢。鞠躬是代表磬折，磬是古時樂器之一，磬字是彎下來的意思，磬折就是表示恭敬對方。自己彎下腰來，比人家低，表示自己的謙虛。如果你連彎都不肯彎，還是那麼挺直地站在那裡，表示傲然看不起對方，我們不管人家地位再高，他要是那樣做的話，就代表他不知禮。禮本身有個標準，我們按照它該怎麼做，就怎麼做。

三、向師長質疑問難，必起立。

「疑」是自己有懷疑的地方，「難」是自己有難題還不懂，要請問老師時，一定要站起來問，才合乎禮。當老師的人，如果學生坐著問，你也回答他，這不能說你對學生講自由平等，而是放縱學生，放棄了教學上的一種責任。老師並不只是傳授知識就夠了，還要負責行為修養的指導，所以當學生不懂禮貌，坐著發問時，就得講道理給他聽，讓他站起來問，教國文時固然如此，教其他學科時也是如此，一定要糾正他，做學生的也要知道這種禮節。

四、路遇師長，肅立道旁致敬。

走路時，遇見師長來了，要恭恭敬敬地站在路邊，等到師長走到相近的距離時，才向他敬禮或拱手。當老師問你的時候，你就對答，不問的時候，就可離開。這是就路面不寬，在交通狀況許可之下，應該如此做的。如果是在通達大道，彼此距離那麼遠，就不必了。有些學生明明看見老師，卻裝著彼此沒見面，不打招呼，不敬禮就走了，這是不懂禮貌。

五、聽講時，應端正坐或直立，不支頤交股，彎腰蹺足。

在教室聽老師講課時，應該端端正正地坐在那裡，如果在操場或大講堂中聽師長專題演講，而沒有座位時，就要直立地站著，因為端坐直立時，才能聚精會神地注意聽講，對於師長也是一種恭敬。像佛家靜坐用功時，就是讓精神能夠集中，端坐直立也是如此。

「不支頤」是不要用手把頭撐起來，這表示自己精神萎靡，學習情緒低落，老師看見的話，講課也會不夠起勁的。「交股」就是一支腳放在地上，另支腳就架在它上面，這是非常放肆失態的舉止。到別人家中做客時，長者坐在那裡時，我們不能夠「滿足」。所謂「滿足」是指坐在很後面，將椅子全部坐下去，靠著椅背很舒服，你對長者這樣做，就是不夠禮貌，應該要「危坐」坐在椅子一半，兩條大腿懸空在椅子前面，這樣一坐時，心理意識就不會散漫，隨時都在注意長者有何吩咐。你還可以把腿疊起來嗎？

「彎腰」呢？也不行，年輕人的腰桿要挺起來，挺直，彎腰表示精神懈怠。「蹺足」是把腳提起來，它跟交股有關連，一交股，腳一定是蹺起來的。在聽講時，這些動作都不許可。尤其在聽經時，除了對講經者是一種恭敬，不應該如此做以外，他所講的經是佛說的，應該如面對佛一樣的心情，端坐直立地諦聽。萬法唯心，你聽的經就跟別人聽的經不一樣，別人聽的經，是講經的人在那裡講，有分別心。你如同對著佛，以不分別心聽，所得之受用自然大得多。

比方說，一位權威的教授在上課，聽的人是一種心理；若是普通教授，學生對他沒信心，聽起來又是一種心理；如果是位道德很高的善知識來講，還沒開始講解，下面聽的人，已收攝心理了，這又不同。所以問題是聽的人心中恭敬的程度。比如我們修淨土的，如果面對佛像就像面對真佛一樣的恭敬，那麼我們看一次佛像就如同見一次佛，心中就清淨一次，這是大不相同的。所以在聽經時，恭敬到什麼程度，收穫就到什麼程度，如印光祖師講：有一分恭敬，就有一分受用，十分恭敬，就有十分受用，一點也不假。同一個班級，同樣的老師教，有的學到百分之百，有的不及格，為什麼呢？也就是學習態度不同啊！

六、考試時，不交頭接耳，或是左顧右盼。

在一般考試中，都不許可這樣，不守這個規矩是會被處罰的，即使沒有處罰的規定，我們也不這樣做。養成一種自然習慣，求學做事均應有的誠實態度。處罰的規定，是外來加上的，我們從自心這樣做的話，當然比它更好。

七、安其學而親其師，樂其友而信其道。

這條中注重的是「安」、「親」、「樂」、「信」四個字，「信其道」的「道」是最高的目標。這兩句是《禮記·學記》中所寫，所謂「安其學」就是無論那一種學問，比如詩書禮樂，都要學得很好，能夠學得得心應手，這就叫安。就拿學彈琴來說，開始時手指老是跟琴無法配合好，練書法也一樣，看人家寫的是非常好，也懂得這一筆應該如何寫下去，可是手不聽指揮，寫出來的卻不是那麼回事情，那就沒有到安的程度。

《禮記》中說：學習分兩種時候，一種是教學時，一種是非正式教學，在教學以外的時間，在此兩者時，都要用心學。比如學琴，在課堂聽老師講解時，要用心練習，下課回到家中休息時，也要不斷地練習指法；上書法課時，有筆、墨、紙，固然在練習，就是沒有筆、墨、紙時，也經常在腦中想，一有空就以手當筆，對空練習一撇、一橫、一直，雖然不是上課時，他的精神還是放在那裡練習，這樣日久天長的才能學得好。

再比如學詩，《詩經》中講的鳥獸、草木、蟲魚，更多種博物都必須瞭解，所以在正式上課，老師講詩講完了以後，回家後還是要經常研究，如「舜華」，「雎鳩」等相關的學問，當你將這些事物學得很豐富時，你的詩就學得好，這叫安其學。再講到學禮，比如講穿衣的禮節，古時候衣服是代表一個人的身分，平時穿衣服代表身分，而喪禮祭祀時，服裝又有一定的規制，喪服是按照親等級而分為五服，這種服裝制定很複雜，你要是學禮的話，就要把這些服裝研究得清楚透徹，隨時隨地都要留心注意，正式上課時固然要學，課餘時間也心心念念在你所學的學問上面，把你的心理和所學的打成一片，融會貫通，這個才叫安其學。所以《學記》中講「不學博依，不能安詩」，「不學雜服，不能安禮」拿這種學習的態度來學任何學問，沒有學不成的道理。

而「親其師」呢？有老師指導學習是最經濟的方法，不必自己再摸索不出，有時自己研究許久還不能得到要領，而老師從旁給你指點一下，就豁然開悟了，所以親近老師有這個好處。有時老師教的學生有很多，你不能常常去請教老師，那怎麼辦呢？就得與朋友切磋。

「樂其友」，同門曰朋，同志曰友，這個友字則是包括朋友講的，同學或者志同道合的人，彼此交換學習心得，互相研究，高興地在一起相處，對學問的助益是很大的。

「信其道」呢？這個道字，可大可小，粗淺的講，你學那一門學問，這個道就代表那個學問，所謂科學之道、國學之道、茶道、醫道等，你學這門學問就要對它有信心，一定把它學得好，我們拿研究東方文化來講，儒學的道，當然深奧得很，佛學呢？更是大道了，這時最重要是一個信字，相信這個道，我一定能夠有成就，儒家講：「舜，人也，予亦人也。」舜是人，我也是人，他可以成為聖人，我何嘗不可以成為聖人呢？要有這個信心。

以佛家來說，釋迦牟尼佛，阿彌陀佛及藥師佛，都是由凡夫經過三大阿僧祇劫，清苦修行而成就的，那我也是凡夫眾生，當然也可以成就佛法，這個信心最重要，所以有了師長的指導，朋友的互相砥礪研究，加上我們的信心，就能夠得到法喜。就拿念佛來講，不管是在做早晚課，或者是平時有空，心中提起佛號時也好，我們都認為，念佛是我最接近道、最享受的時候，比世界上五欲六塵，任何的享受都好。全世間的大名大利歸之於我，還不如我提起一句名號這樣清淨。在心中一切輕鬆自在的狀態下提起佛號時，你就能夠和這個佛號相應，那你就做到了安其學；不是這樣，你這個安字就做不到，要安其學就必須先信其道，儒家與佛家的學問都是這樣。

所以，這樣研究起來，真是對我們固有的東方文化愈增進信心，西洋的一切哲學、宗教，不但不能跟佛家比，也無法與儒家比，儒佛這兩個大道合起來修的話，更容易了生死，這種多生多劫以來，千載難逢的大道，能夠在現今遇到，再不抓住，死心塌地的來求其成功，那麼多可惜啊！這一層，你別看那麼簡簡單單的，這一條是非常重要的，果然照這樣做，就有成就。

（寅）處世

前面講孝順父母，在家庭裡面應該注意那些細節：在學校，應該注意的，除了遵守禮節以外，還有學習的態度，以及自修的方法，這個都是很切合實用的。那麼，今天就是講處世，就是我們怎麼樣在社會上和人家來往，這個要靠大學問。除了理論的知識外，還要靠經驗、閱歷。我們這裡是這麼講，但是要裡面的內容啊，還是要靠大家隨時注意。就是說，我們跟各種人物接觸的時候，你要隨時留意他的反應。人在社會上，士農工商各種類型都不同，職業不同，心理也不同，心理上不同，你跟他交往的方法也就不一樣，說話也不是一樣的，拿一種話跟任何人講是講不通的。

在學校裡說的是讀書人的話，你到鄉下跟種田的農夫講文謅謅的話，他就是格格不入。你在商場裡講的話帶到學界談，這也是不行的，所以這個要多注意。這個是包括整個求學的問題。求學啊很難啊，譬如說我們老師，他老人家非常慈悲，希望我們都有成就。最低限度，我們拿古人注解的本子，我們自己能夠看懂，能夠有所辨別。這個辨別，是怎麼個辨別法呢？就拿《論語》集解來說，歷代註解這麼多，如果不是老師指出要點出來，那麼我們很難選擇。《論語》如此，其他的各經也是如此，都是這個樣子。《禮記》、《春秋》、《書經》、《易經》、《詩經》，你翻開深入研究的話，筆墨官司打得凶得很呢。

漢、宋兩派是最主要的學派。不但漢、宋不同，各家各派也不同，那多得很呢！我們怎麼選擇法呢？大家可以這麼用功夫，自己先看了以後，再請老師講，看老師怎麼講法，和自己預備的對照一下。當然，沒有聽老師之前，自己預備。怎麼個預備法呢？看這麼多人的註解，講法這麼的不同，怎麼個選擇？有一個準繩、標準。

就我個人來講，我看這麼多註解，根據學佛，根據學儒這幾種，比如儒家講五倫，五倫中「仁厚」是很重要的，不論講哪一本書，不可以離開五倫。違背這個，則是不合理。老師講過「真學問，從五倫起」，真正學問是從五倫發展出來的。所以，那一個註解與五倫忠厚之道相抵觸，相違背了，那個就不要採取。比如朱子的註解，仔細深入研究，有些差之毫釐，失之千里。在極微之間研究，從開始一直到後來，看它沒有多大出入的地方，這個你就放心大膽地採用；在二者都不滿意的時候，你還是根據你的宗旨，你的標準，再另外找材料、找證據。

再講到儒家的《大學》與《中庸》，《大學》的「明明德」，《中庸》的「天命之謂性」，性命之學，性理之學，這個一切的註解不可與這個相抵觸。所謂宋儒的註解，有些人批評他不好的地方，他也講理啊！可是他闢佛，自己把儒家和佛家這兩件事分開了，這個是不好的。道啊！聖人的道與佛的道相通，彼此皆可融通，要是一定劃分界限，你所瞭解的道不是大道，這層是要從同中去求。

以佛來講，佛家講的是心性，不能違背心性（是慈悲），這些都是選擇的時候一個標準。合乎這些標準，我們講大概是不會太差的。我們看人家說的好像言之成理，若是研究到微細之間，可能就有毛病，這個毛病怎麼看得出來？那你得自己有個定見，這個定見是根據聖人來的，所以說依法不依人。有這個聖人的看法、法眼、聖言量，以這個做標準，那你看別的就不同了。

爲什麼有些人，彼此做事得不到要領呢？他沒有真正依據聖人的言論，聖人的道理。處世的學問，靠我們自己做很難，現在是知識爆炸的時代，各有各的發明，研究也非常多，而且現在出版書籍非常方便，任何人把資料一剪，把它前後一編，就是一本書出版了，這樣難免有過失。我們要根據聖人所講的，配合自己對社會大眾觀察的心得，這一點要隨時注意。

一、無道人之短，無說己之長。

處世第一條，我們一看就明瞭了，不要說人家的短處，反過來說，不要說自己的長處。雖是這麼簡單，可是做起來非常不容易！《論語·衛靈公》那一篇裡面，孔子曾講：「吾之於人也，誰毀，誰譽？」，孔子自己講，我對於人，對於一般人，我譭謗了誰了、譽是誇獎人家，我又誇獎了誰呢？毀，聖人是不會譭謗人的；但是誇獎人，聖人有時候有的，假如有所讚譽的，對某人有所讚譽，「如有所譽者，其有所試矣。」我所誇獎的人，一定是名符其實，實實在在的，不是虛偽恭維他。虛偽恭維他，聖人是不會這樣做的。

所以孔夫子不但不譭謗人，而且也不輕易地誇獎人。自己說自己的長處，那孔子更不必說了。孔子明明是聖人，他從來沒有說自己是聖人。孔子曾與子路、顏淵這幾位坐在一起談天的時候，孔子叫他們「盍各言爾志？」你們說自己的志向。顏淵說：「願無伐善，無施勞。」所謂無伐善，就是不要自誇自己，也就是說，不要說自己的長處。所以我們看這句話這麼簡單，為什麼顏老夫子講這個？其他人卻很少講到這一點，子路都不知道講這句話。

我們想想看，可見得真正不說自己的長處，是相當有修養的功夫，為什麼呢？普通人自己有了某種特殊的學問，特殊的技能，或自己在品德方面，比較高人一等，不知不覺當中，自己顯露出來，有點自己誇獎自己的情況，一般人都有這種情況。所以在孔門當中，顏子在說他志向的時候，特別說出毋伐善，不要誇獎自己的好處。沒有高度的修養，不說自己的長處難，不說人家的短處也難。我們在跟人談話當中，也是不知不覺說著說著，就把人家的短處說出來。這個我們各位之間，平時沒有留意這方面，就不知不覺。你念了這兩句書，從現在開始，我們一天跟人家談話當中，自己檢點檢點，是否有這種情形？或者自己警覺之後，還沒說出口，就先提醒自己。不要在不警覺時，讓不該說的話沖出口。

說人家的短處，說自己的長處有什麼不好？說人家短處，是妨礙人家，說自己的長處，是損了自己的德性。所以學佛叫人不要自讚毀他，自己讚嘆自己，譭謗他人，這個是不許可的，一個學佛的人自讚毀他就完了。他的功夫怎麼樣？不但是沒有功夫，而且還造口業，這個有因果關係。我們說人家一句壞話，人家不會不知道的。我們兩個人在房間談話，談某某人的不好，人家不在這裡，怎麼知道呢？不要這樣想法。只要一句話出口，總之對方是瞭解的。所以《大學》裡面曾子講：「十目所視，十手所指，其嚴乎！」無論是在心裡，或是口裡的話，要時時有這樣的警覺。就如同有十個人眼睛在看我們，在監視我們，我們不能一點不注意。

如果給別人知道我們說人家的壞話，對方不管有沒有修養，總是不太高興，有修養的人放在心裡面，沒修養的人，他就要對你報復了，你說他一句壞話，他就要說你十句壞話。這樣我們社會上遭遇的麻煩可多了，我們想做一點好事，人家也把我們破壞掉了。這個一定要注意，特別要防範這個事情。

二、家庭之事，不可向外人言。

家裡的事是好事，是壞事都不要跟外人說。所以《禮記·曲禮》稱謂「外言不入於閫，內言不出於閫。」閫就是門檻的意思。古時候，婦女都是住在家裡面，不出門的，是閨中的。這就是說，古時候，男子不在外面把家裡的事往外面說。外面的事情呢？也不准許帶回家來，跟家裡妻子說。就是內外不要互相這麼說。為什麼不要這麼說呢？比如家務事，古人有一句話，「家醜不外揚」，家裡有很多事情向外面宣揚，向外面說，總是不合適。你向外面說，人家也不能給你解決問題，毫無用處。

有時不但問題不能解決，反而引起更多家庭糾紛。所謂家庭之事，包括很廣，有夫妻之間的事，家庭之間的事，對父母的孝順、對兄弟的友愛、家裡的財產，經濟的問題種種。你把這些家庭的事跟外人講，往往破壞自己的門風，讓人家看輕你家裡的家教。古時候家有門風，家有家規，家務事在家裡有家長作主處理。

又譬如說，家裡的財產，你把它說出來了，外面不良的份子，他知道你家的底細，家務情形都瞭解了，他就找出機會來妨害你家裡的事情。再如家人的行蹤，也不必讓人家瞭解，男主人是什麼時候出門，什麼時候上班，主婦什麼時候上街買菜，什麼時候回來，這一天家裡什麼時間沒人，真空狀態，或是什麼時候，我有一筆收入，這些情形一講，小偷摸得清清楚楚，就選在這個時候偷劫，這是最顯而易見的。所以這些事情不必跟外人講。

再有，我們現在當然不能避免的，在古時候，婦女沒有重大的事情，比如說，結了婚就是住在丈夫家裡，非有大故，不能回娘家。大故是什麼？娘家有喪事，或是重大的喜事，可以回娘家。沒有這種情形，出了嫁就是在夫家，娘家都不輕易回家，何況是到別人家走動的，所以很少出入。拿現在來講，好像關在家裡是不好的。其實關在家，有它的道理，她在家裡，就是教育子女，子女從小就在家裡受家庭教育，到了上學的年齡，就到學校受學校教育，這當中是一貫的，從家庭教育到學校教育是一貫的。這一貫的教育，從父母到師長，他們所說的話，所表現的行為，所做的示範，都是好的。這個人到了能夠辨別是非的程度，然後才能看其他的書籍，接觸外面的事情，他已經是定了型了，沒有問題了，所以在這個時候，家裡的事固然不必對外面講，外面的事情也不用拿到家裡來講，講給家裡的小孩聽到沒有好處。外面社會的事情很多，罪惡的事、抽煙的事情、殺人的事情、放火的事情，很多很多。大新聞在家裡一講，聽起來這是奇聞啊！但是在心理上就受了影響。兒童的心理像一張白紙，聽了什麼，心理就有個印象，他就自己表演出來，就模仿了。

所以古時候，人心厚道、風俗淳厚，他在心志沒有定型時，不讓他與外面接觸。當然現在就很難了，現在一點點大的小孩子就看電視，這就沒辦法了。小的不懂，大小孩子在外面看看報紙，看看新聞，回來跟小的講，這是沒法避免的，家長就要注意家庭教育，這要多費點心思，所以現在講家庭教育很困難，外面的事情不在家裡面講，事實上辦不到。現在哪一家沒有電視，沒有新聞報紙？這就很難了。這是上一段，家裡的事不對外面講，這是避免很多的麻煩。

三、口為禍福之門，話要經一番考慮再說。

第三條「口為禍福之門」。話要經一番考慮再說。這話看起來也很簡單，很容易瞭解，但做起來就不容易。口是禍福之門，一個人的吉凶禍福，大半就決定在口。今天我們老師講《論語》的時候，他引用《易經》裡面的：「躁人之辭多。」他老人家說，一個人說話太多了，他的前途不會樂觀，而且壽命也不會太長。聽了之後，當時一想，回憶我所接觸的人，的確是如此，無論過去在社會上，在一般場合中，凡是碰到人自己就滔滔不絕，講個沒完的人，這就是煩躁之人。這種躁人，多半是前途不平，遭遇很多的挫折，而且想活到很高的壽命是不容易的。事實上確實是如此，我們老師講不是純粹的理論，是經過事實觀察，和經驗累積得來的。

我們一個人的身體是四大假合，是因緣生法，因緣和合起來。這種因緣和合，在道家來講，我們人身體有精、氣、神三種要素。同樣的人應該都是一樣，為什麼有人壽命高，有的人壽命短。所以道家講養生之道，要注重收斂，收斂自己的三要素。這種收斂，無論白天，或是夜間，他都講這個用功的方法。

在夜間睡眠前面講過，老師也提示過，不要仰著，不要張口，氣吐得那麼大，這是不夠衛生的。在白天也是這樣，在白天沒有必要的時候，要閉著嘴，用鼻子呼吸，很均勻、很調和、很柔和的呼吸，我們一個人心理不正常，很急促，或是運動後很急促呼吸，很不正常，那對一個人身體裡細胞損失很多。所以在白天沒有必要時，不要多說話，把呼吸調得很均勻。在做事的時候，心理也要很定，不要浮燥。有些人他一面做事，一面心裡著急，有些人做心裡不想做的事情，越是不高興，越是在做，心身兩方面都是虧本。在遇到人的時候，把心裡面一股悶氣發洩出來到處講，這個受到的損失更大。一個人要是真修，要做到心平氣和，心裡很平，氣也很和，在心理很柔和，在生理方面也不會傷氣。

所謂這個口，話說得越少越好，說話不要多。說話的內容，無非是表達自己的心裡，講人、講事，凡是牽涉到人與事，就關係到人的利害，關係事情的成敗。這些話對人有沒有害處？有沒有好處？有修養的人，他的腦子稍為轉一轉就知道了。沒有修養的人，或是一時沒有注意，他沖口而出，也不知道自己已經把人給傷害了！他自己不考慮。不光是說話，寫文章、發表各種言論也都是如此，殺了人家，往往自己還不瞭解。對方知道了，人家要報復我們；有時候雖然對方不知道他受了損失，但有因果上的報應，我們也逃不了，我們一句話，損了人家的名譽、權利，讓人受了損失，這個在因果上，我們還是要負責任。這個責任對方雖不知道，我們還是有過。

當然我們講話時很小心，就有「福」了。福是什麼呢？我們說一句公道話。佛法佈施裡有無畏佈施、有法施，都是要用口說的啊！法施講一切道理。講經說法，不要違背經旨。為了人家在那裡受了恐怖，我們仗義直言，給人家解圍，給人家壯壯膽子，在精神上給人家一個支援，這個我們也是一種功德，所以我們的口，看我們怎麼來用它。你用得好，就能替人造福，自己也有了功德。用得不好，就造了口業，妨害了人家，也害了自己。

在《論語·顏淵》篇裡面有一章講：「棘子成曰：『君子質而已矣，何以文焉？』」這句話表面上看起來，好像君子講質，講本質，何必講文呢？這個好像對人也沒有損，可是他對人影響很大，所以子貢曰：「惜乎，夫子之談君子也！」可惜啊！老夫子你這話說君子，說錯了。君子不是如此啊！君子是文質彬彬，不是只講本質，而不講文的。當然只講文而不講質，這個不好；但是只講質不講文，這個也不好。

所以一定要評論君子，話說出去，錯了以後呢？駟馬難追，子貢說「駟不及舌」。用四匹馬拉著車子追，也追不上！所以一般就根據這句話，成為兩句：「君子一言，駟馬難追。」的確如此。是非善惡，你一句話說出來就決定了，在《論語．子張》篇，子貢說：「君子一言以為智，一言以為不智，不可不慎也。」君子一句話說出來，說得好人家就說你有智慧，一句話說得不好，人家就認為你沒有智慧，所以看看這個重不重要呢？言語代表一個人的心理，修養學問都在這個話裡包含，所以說這個言不能夠不謹慎。而且顏淵問仁於孔子，孔子也是告訴他：「克己復禮為仁。」然後顏子請問其德目，條目有四條，其中一條就是非禮勿言，說話要合乎禮。禮包含很多，恭敬人家，不要損害人家，這個都是。凡是不合乎禮的話，都不能說。

再看佛家，佛法講十善業，十善業的反面是惡業，你看看意三業，身三業，口四業。口是最重要的，它有四種業，這四種業仔細推敲看看，我們每天都表現出來。拿口業來看，現在人在社會上，一開口、一動筆，很有可能就犯上了口業，想想看是禍是福呢！他就種下了這個種子，所以我們這個口，是成就道業最重要的一環。

在《孔子家語》面有一個故事，孔子到了周家去觀禮，觀禮到后稷，也就是周家的始祖后稷廟，到了廟的門口，發現有了金人的塑像，這個金人塑像的口被封起來，很奇怪的，同時金人的背後，刻有幾個字，也就是「銘」，這個銘寫的是「古之慎言人也」，說明這個金人是個慎言之人，也就是對言語非常謹慎，可見周家在研究這個學問。古人講這個禮，對於口非常注意，因此你無論講佛法、講儒家，都要「守口如瓶」，謹防口業，為什麼呢？儒佛兩家都是要注重修道的，你修道，口不好好的修，這個道也修不了。所以我們平時無論說話做人，都要注意口，不要造業，一造業就是因果，不能背了因果。

我們說譭謗某一個人，固然是不可以，但你說了一句普通的話，雖沒有針對一個特定的物件，特定的一個人，可是一句話說出來傷風敗俗，也會影響社會大眾的心理。害了公眾的心理，那這個罪過更大。現在做大眾傳播事業的人要特別小心，想做大眾傳播的事業，包括電視、報紙、廣播從業人員，最好都要學過佛的人。他們都懂得因果，知道怎麼下筆，話在說出口之前，在寫出去之前都要好好考慮，那麼這種傳播的事業，風俗不會壞。

可惜現在用人，哪裡能夠像我們的理想，都能夠懂得因果道理。我們這個蓮社，受到古德的庇蔭太大了，不管社會上風氣如何，情況如何，有一分力量就貢獻一分力量，所以老師常常講有共業，有不共業。共業如何，我們儘量影響共業，影響到什麼程度，就到什麼程度，那麼最重要的是不共業，自己能不受外面壞影響，我們自己要有相當的功夫，再儘量地影響外面不好的環境。

四、見失意人，不說得意語；見老年人，不說哀喪話。

這都是人情世故，我們老師曾寫過一幅對子，「人情練達是文章」，人情練達，通達人情世故，就是文章，就是學問。見了失意的人，他各方面都受到打擊，很不得意，或者是破了財，或者是丟了勢，或是種種不如意，你見了這樣的人，應該說點讓他得到安慰的話。相反的，你要是說自己很得意，人家破了財，你卻說自己中了獎券，人家失意你自己高興，人家丟了差事，下了台，你說做了大官，自己得意了，這是教人家不堪忍受的。我們讀書、做人處世，就是要處處讓人家受得了，假如我們自己處在那種境遇，我們看見人家儘說些得意話，表揚他自己非常得意，我們自己心裡也很難受，為什麼呢？一個人總希望比人家高明。

你們大家研究佛學，《百法明門論》中提到很多，論中提到眾生都有煩惱，有根本煩惱，有隨煩惱，根本煩惱裡有傲慢，隨煩惱有嫉妒，你講這些話都容易挑起別人的煩惱。所以我們見失意人說得意語，把人家的煩惱引起來，這是自己不太好的，有虧於自己的德、厚道。對方已是煩惱，我們再說這話，使他更增煩惱，我們就是惱害眾生。佛教是慈悲，慈悲的精神就是儒家講的仁，仁道、仁厚。無論是學儒學佛，都要講忠厚之道，不要讓人家聽了起煩惱。

見老人不要說衰傷話。老年人，這個老師常講詩的時候，男子悲秋，老人每逢秋天，天地之間的氣象，人體與天地自然界之間，是息息相通，天地這個時候都是收斂，都是閉塞，身體也自然而然受影響，所以往往一到秋天，男子上了年齡，會有衰傷、悲傷的感覺。這種心情容易使然，向這種人我們再說一些悲傷、衰傷的話，更會使他哀傷。人生七十古來稀，這句話是不錯的，的確，你要看見七八十歲的人，和他說七十古來稀，對方聽起來不好受，那就要變變方式，固然現在有一個流行的口號，人生七十才開始，這話大不合道理，但說出來給老人家聽聽，也未嘗不好。懂得道理的人，明明是不合理，但比聽七十古來稀要好一點，這些話都是要注意。

五、交淺不可言深，絕交不出惡聲。

第五條「交淺不可言深，絕交不出惡聲」。交情淺的不可以講深的，交是交朋友，交朋友不是一下子就很深。道家講，儒家也講。《莊子》裡講：「君子之交，其淡如水。」君子交朋友淡淡的，像水一樣。水的味道雖然淡，但卻能細水長流，這是水的基本味道。「小人之交，其甘如飴。」甘是很甜的味道，濃得像酒，如酒一樣濃烈，但那個味道不會長久。比如說再好的酒，放在外面不把它封起來，在外面風一吹，沒好久味道就變沒有了。

所以交朋友，一上來一見如故，三生有幸，真是不得了。可是過不了好久，情勢一轉移，彼此跟路人一樣，甚至反目成了仇人。小人是如此，君子不是如此。君子就像是《論語・公冶長》篇所說的：「晏平仲善與人交，久而敬之。」久而敬之，是受人尊敬，為什麼善與人交？他知道交友的道理，開始的時候由淺入深，慢慢的交往越久，朋友之間的友情越是濃厚，越是尊敬對方。那麼這個交淺，朋友在剛剛交往的時候，交情還不是很深，一見傾心，把所有的話都跟他講了，將來一旦朋友的關係不能維繫的時候，或者將來做不成朋友，成了仇敵了，那麼你的毛病都給對方抓住了，這個不能不注重。

再說朋友之間勸善規過，是交友很重要的意義，朋友之間不能勸善規過，那要這個朋友幹什麼呢。可是勸善規過也要有分寸，交情到什麼地方，就說什麼話，交情不到那個程度，雖然你是一番好意勸他向善，改除惡習，但他接受不了，往往認為你是在教訓他。這就是《論語》所說的：「君子信而後諫，未信則以為謗己也。」人往往有這種心理，所以沒有到彼此信任度相當高，言語無絲毫隔閡之前，與人說話都要注意。不是所有該說的話，都可以不必考慮地說出來，在有些情況下，反而說出來沒有效果，而且還會結怨。

還有現在學佛的人，一見到人，都希望把自己瞭解的佛法，能夠與親朋好友分享，希望他也能夠學佛，即使這個出發點是不錯的，但一定要觀察對方的根基，他現在的程度如何？是不是對佛法有了一些好感，好感到什麼程度，是不是已經相信了？有好感時，你說的話是一種，開始相信時，講的又是一種，相信到很深的時候，又是一種，那是大不相同。他程度還沒到的時候，剛開始有好感，你就把很深的道理告訴他，又叫他去吃素，又叫他念佛，又叫他了生死，他還不知道生死，你就叫他了生死，他怎麼了法？你這麼呼嚕呼嚕把所有東西一下子教給他，當他受不了時，麻煩就來了，他感覺自己入不了門，一下子就不想學了，這是常有的狀況。

所以佛為什麼要五乘說法呢？你一下子給他一大堆金剛鑽，雖然是無價的珍寶，但是他受不了的。所以交淺不言深的意思，包括很多很廣，包括自己的、彼此的私事，學問、道德等等，你要看對方跟自己交往到什麼程度，你說什麼話，否則不但是失了言，也可能失了人，這兩種都有所失，就如《論語》所說的：「可與言而不與之言，失人；不可與言而與之言，失言。知者不失人，亦不失言。」這個是交淺不可言深。

再來，「絕交不出惡聲」，朋友之間絕交往往是有的，絕交是絕了原來交往的朋友。朋友是五倫當中的一倫，也是道義的結合，跟家人父子不同。家庭中的父子、夫婦、兄弟，這是天倫，是不會分散的。君臣、朋友這兩倫的交往，則是以道義來維持，彼此志同道合，當然交情會一天一天維持下去。如果有任何一方違背了道義，對方當然要勸告他，但始終勸告不來，只好作罷，那就絕交了。絕交後是否和現在一樣，兩個人互相對罵一頓，或對打一頓，然後彼此也就不往來了？小人才是如此啊，小人彼此罵了一頓，三天之後又為利害而相互結合，又言歸於好，好了一陣子以後，利害又衝突，又互相罵一頓，這不是君子之道。君子絕交是在不得已的時候，對方稍微有能夠挽回的情勢，他不輕易絕交，實在沒辦法挽回了再絕交，到了絕交時不出惡聲，一句讓對方聽了有惡感的話也不講，彼此也不過是淡淡的疏遠而已。

在《史記》中記載，燕家大將軍樂毅，燕國派他攻打齊國，攻下了七十多城下來，只剩下莒城、即墨二城沒下，齊國固守在那個地方，樂毅的軍隊就圍困在兩城之外，齊家部隊知道燕家大軍，樂毅名將在那兒統帥，想突圍也不簡單，所以齊家就用了反間計，派了人到燕王那兒，告訴燕王說，你知道為什麼派了樂毅在那兒攻打我們齊國，開頭那麼快連打了七十多個城池，現在只剩下兩個城，他為什麼打不下來？而且在那裡觀守、觀望，知道是什麼用意嗎？使者就對燕王說，你這個燕軍有個大將領，你將來的禍患不在齊國，而在你自己，言下之意，他這兩城攻不下來，就是說他要倒戈相向，要降你的君位，這一聽燕王就不得了了，趕快想撤換樂毅，把樂毅調回去。

樂毅一想，既然君臣之間有了隔閡，受了人家利用，他不會有好結果的，所以他寫了一封書信給燕王，留一句名言：「古之君子，絕交不出惡聲。」交情雖絕，但彼此不出惡聲，好來好往，寫了一封信之後，他沒回去燕國，到外國去了，他把他自己的心跡和一番忠誠，說得清清楚楚，說明他之所以不能回去的原因，是他已經中了人家的計策。也就是說，君子之人他有修養，雖是到了絕交的時候，也不必說對方難聽的話，這個雖是絕交，但君子厚道，總是希望將來對方聽到了覺悟之後，還是能志同道合，還有餘地，這是厚道的話。

六、不侮辱人，不向人開玩笑。

侮辱人是不好的，無論什麼人，地位高、低，就是一個乞丐，你侮辱他，他都受不了。《禮記·檀弓》有一個故事，這個齊國飢荒，黔敖準備了食物在路邊賑濟災民，一個飢餓不堪的人走來，黔敖左手端飯，右手端湯喊著「嗟！來食」，這個人因為不肯接受，所以最後就餓死了，這是大家都知道的。事實上是給人家吃好的，但對方聽了是侮辱他，他就不吃你的飯，不吃嗟來之食。明明是走幾步路就死了，他也不吃，他不受這個侮辱。在歷史上受到侮辱，再加好幾倍報復給人家的很多。為什麼呢？儒家說：「士可殺，不可辱。」一個讀書人，你殺他是可以的，你侮辱他是受不了的，這是很嚴重的。所以，我們不要侮辱人家。

現在民主國家作戰，俘虜對方的降帥、士卒，你說怎麼做就怎麼做，但是就是不能侮辱，對別人快意侮辱的時候，你不知道對方什麼時候記恨在心裡。遭受侮辱對一個有志氣的人來說，會引以為終身最忍受不了的奇恥大辱，他將來有機會的時候，那種報復會讓你受不了。所以不向人家隨便開玩笑，有時玩笑是開不得的，這和污辱有連帶關係。譬如你跟一個有幽默感的人，開開玩笑或許無傷大雅，沒什麼關係。可是這個人平時就是一本正經，沒有幽默感，當你認為是在跟他開玩笑時，或許他當作你是在侮辱他，他就不能忍受，而且結下怨恨，這個在社會上是常常有的情形。

有時候我們說一個笑話，想引起彼此愉快的氣氛，可是對方並不是這樣想，造成他的誤解，那我們又何苦呢？划不來。所以不要隨便開玩笑。在歷史上，《左傳》記載兩個國家辦外交，那個國家派的外交使者是個跛子，只有一個眼睛，而這個國家相同也找了一個跛子，有一個眼睛的使節來迎接他，好像很有趣啊！可是後來人家記在心裡，回來以後找機會，找個問題，派了軍隊就把你的國家滅掉。原來只是增加興趣而已，開開小玩笑，可是後果那麼嚴重。

所以對方是個嚴肅的人，不管他是在什麼地位，你說話要小心，不可隨便開玩笑，那是不行的。而且不論是任何人，開玩笑多了，就失之於輕浮，我們求學要注意莊重。《論語》孔老夫子說：「以約，失之者鮮矣。」總而言之，無論在什麼場合，莊重一點比較好，輕浮了不太好，輕浮的辦不了大事，到緊要關頭，還是要仰賴穩重一點的人。莊重的人他無論說話，無論做什麼事，說一句就是一句，做一件事是一件事，他不會輕浮。有時候為了緩和氣氛，開玩笑是難免的，但是要注意節度，這一層要特別注意。

七、與殘疾人會面，須格外恭敬。

這也是研究人的心理，殘疾的人往往心眼很細，忌諱比較多，再一方面，殘疾的人行動往往有所不便。比如，走路不方便要拄枴杖；或是眼睛不好，看不清楚；或是說話發音習慣不健全，說話不很流利，有接不上的地方，遇到這些人，應該怎樣呢？無論是儒家、佛家都要講究仁慈、厚道。因此遇到這些人，我們儘量給他幫忙，能夠扶他一把，譬如遇到這些人他上車不那麼輕便，我們一定是讓他先上，或是幫他上下車，他眼睛不好，我們也幫助他注意什麼的，有危險的地方请他注意，這就是存心厚道，所以要特別給予恭敬。

《論語·衛靈公》篇記載，孔子與魯國的盲人樂師見面的情形，其所給予的特別關懷，令人感動：「師冕見，及階，子曰：『階也。』及席，子曰：『席也。』皆坐，子告之曰：『某在斯。某在斯。』師冕出，子張問曰：『與師言之道與？』子曰：『然，固相師之道也。』」孔子在接待盲人時，特別的細心關懷，當師冕快走到階梯或是座位之前，孔子都會預先提醒。當師冕坐下來之後，孔子立刻將在座的人，一一介紹給他，在座都有誰、坐在何處，俾其說話時有所顧忌，從這些細節都可以見到孔子的仁愛之心。

在《論語·鄉黨》篇也講過，孔子見了這些人也要變色。所謂變色，這個很難講，要自己細心體會，遇見這些人，在精神態度表現出一種關懷他，一種同情他，就是沒有言語，用動作、表情讓對方有一種感覺，感覺你對他一種親切、關懷的味道，這些表現出來都叫變色，變變顏色。所以遇見這些人，要特別恭敬，因為他不是平常的人，他有某方面殘缺的地方，特別需要人特別來幫助他、關懷他。有些醫師刻意對患病的當事人隱瞞病情，也是同樣的道理，有些人得了某種嚴重的疾病，就怕人家說他的這個病很嚴重，無可救藥，有些病人一聽心裡很難過，本來病只有六、七分，一聽這個話就增加到八、九分。所以病人有時候不是因為疾病死的，而是被周圍的人嚇死的。

八、於肩挑小販苦力，莫討便宜。

現在肩挑比較少了，過去肩挑小販，都是推著車子，在菜市場裡面，賣著水果、小菜，他一般都是從鄉下運來的。古時候的市場與現在不一樣，過去稱為趕集，也就是每個月在固定的日子裡，大家聚集到城市裡來，另一個日子，又聚集到另一個地方去，凡是鄉下的東西，通通聚在城裡的市集去賣，這種趕集的方式，都是人老遠地從出產的地方，把東西用擔子肩挑到城裡來，很不容易的，必須出很多的力量。所謂小販他的本錢很小，從一個地方把東西買過來，再賣到另一個地方去，只賺一點點微薄的利潤。另外還有苦力，過去鄉下交通不太方便，往往雇車夫給自己拉車，雇轎夫給自己抬轎子，這些人真是苦力。

你向肩挑小販買東西，跟他討價還價，雇車夫、轎夫之類的苦力，你還跟他講價錢，給他很少的酬勞，都是不合適的。因為這些人都是出賣他的勞力，賺的錢很少很少，你儘量地討他的便宜，我們想想，究竟有能力買他的東西，能夠雇他，說明我們的經濟狀況比他好多了，能夠多給一點，就給一點，不要討他的便宜。拿現在來講，雖然不是肩挑，他用交通工具，運到菜市場來，可是他終日在市場裡賣東西，在那兒餐風飲露，夏天太陽曬得這麼熱，冬天風又吹得冷，我們住在家裡，夏天有冷氣，冬天門一關，暖和和地，想想他在市場那樣辛苦，我們買個東西，還要貪他的便宜，這個心就是不仁。

我們要處處存養厚道，養不忍之心！那麼不但是對做小生意的人有好處，對於我們自己也是在存養厚道。所以印光祖師在文鈔裡常常提到，我們買東西時，對小買賣不要還價。當然，如果發現兩處賣的價錢實在相差很多，我們也不必還價，下次到別處買比較便宜的就可以；但是如果二邊的價錢相差不了多少，貴一點其實也沒什麼關係。

九、施恩求忘，受恩必報；開罪於人須求解，開罪於我應加恕。

這個也就是厚道，幫助我們修道。佛法修菩薩道，第一個要佈施于人，施恩於人。儒家講的道理很高深，一個人要體天地之仁。天地的雨露，讓萬物都能長生，我們人有能力的時候，要效法天地這種大德。看看人家過不下去了，我們要儘量地幫忙人家，救濟人家，這是施恩。施恩是不是說我有恩於你，你將來一定要報答我呢？不是的。我們給人家好處，當下就要忘記。

不但我們讀書人如此，大家看歷史，韓信在少年沒得志時，窮得沒有飯吃，在河邊釣不到魚，正餓得不得了的時候，河邊有一個連名字都不知道的洗衣婦女——漂母，送了一碗飯給韓信吃，而一飯救活了韓信的命。離開前韓信向漂母說出了感激的話，將來我發達的時候，要怎樣的報答你。漂母聽了就生氣著說，你把我當成什麼人，我送這碗飯給你是希望將來你報答我嗎？不是如此啊！我只是看你現在受苦而伸手救濟，不是求報答的。我們想想看，那個時候，一個河邊洗衣服的婦女，都明白施恩不求報的道理，當然韓信後來還是報答了他。

在施恩者來說，自己不要求報；但是另一方面，受了恩的人，無論如何點滴都必須回報。韓信到後來發達的時候，用千金報答人家，古人都是如此。古時候的風俗是很濃厚，他從小就是這樣學。對人有恩，我要報恩；對於天地生長五穀，也思報恩。五穀當然是人種的，但如果沒有天地，天不下雨，土地沒有泥土，這個五穀長不起來。所以我們吃的五穀，雖然是自己用勞力種得，但在吃的時候感謝還是感謝天地的恩德。這種報恩之心，對任何人都該如此。我們受之於天地，受之於父母，受之於朋友，一切一切的，所謂「一日之所需，百工斯為備」！在社會上任何有貢獻力的人，都對我們有直接、間接的恩德，想到這裡，才知道我們欠社會人群的太多太多了，而現在我們可以回報給社會人群的卻非常少，想到這裡感覺非常慚愧，所以無論我們做哪一個行業，都要思兢兢業業地來報答所有人。

至於「開罪於人」是難免的，我們智慧不到，考慮不周，不免有得罪於人的時候，當我們有意無意說的話，讓人家聽了受不了，傷了人家的心，或是我們做了有損害對方的事，事後知道自己不對了，一定要求解。不要把這個解看得那麼單純！我們說話向人家道歉，有時候人家還不願意接受，所以除了用言語外，還要用行為，用事實證明我們不是有意要傷害他。這個解字，就是化解這個結的意思，讓被我們所得罪的人，心裡一點芥蒂都沒有。

十、善人自當親近，須要久敬；惡人自當敬而遠之。

這裡就是跟佛家所講的一樣，「親近善知識，遠離惡知識」這個大家都知道的。

十一、遇事要鎮靜，做不到的事，莫妄逞能。

有些人很容易犯這個毛病，凡是任何事情都要事先有準備。《中庸》上講：「凡事豫則立，不豫則廢。」任何事情你事先有預備，這事情辦起來，就一定能夠成功，如果沒有預備是不會成功的。在有些情形下，我們看到某人臨時事情一來，他沒有事先想到，也能把事處理得很好，這是什麼道理呢？其實並不是臨時靠他的天才，而是平時他有很深的修養功夫。日積月累有很多辦事的經驗，臨時事情來了，他可以應付自如，可以處理得了。這告訴我們，無論做事求學都要用心，隨時都要預備臨時突發狀況。

平時需養成靜的功夫，遇到任何問題要冷靜下來，稍微分析一下這個問題要怎麼辦？怎麼處理？有很多事的決斷往往在一剎那之間，不可能讓我們用長時間來研究、分析，所以在那一剎那間，心裡要沉著，要鎮靜。這種沉著、鎮靜，都是靠平素修養練習來的。譬如說平時面對任何問題，都是拿做學問的態度來看，不是只看一個面，要從好幾個方面來看，所以臨時遇到緊急問題要處裡的時候，就不會只看一個平面，而是可以看出一個立體，那麼臨時處理的時候就會鎮靜，不會慌亂。

再來，做不到的事情不要逞能，我們不能說什麼事都做得到！雖然做不到，但一定是盡力想辦法幫忙。千萬不要好大喜功，承諾超過我們能力範圍以外的事，如果我們勉強去做，往往會招來不好的後果。譬如朋友有一件事需要有人幫忙，當然我們有能力幫忙最好，如果沒有能力卻答應了他，對方天天指望我們辦好，可是到時候我們實在是辦不到，那不是耽誤人家嗎。假如我們不是輕易就答應他了，那他還可以另外再找別人！就不至於耽誤他的事了。所以自己有很大把握可以辦到的，才可以答應人家，這並不是做事不熱心，也不是對朋友講道義，事實上這才是真正負責任的態度。古語說「輕諾者，必寡信」！一個人輕易的答應人家，什麼都沒問題，結果最後什麼都有問題，那就不好了。

十一、瓜田不納履，李下不整冠。

瓜是長在地上的，在種瓜的田裡，為什麼「不納履」呢？履是鞋子，如果我們走在瓜田邊，走著走著累了，想休息一下，把鞋子整理整理，這就不行了。因為你說是在穿鞋子，但人家遠遠看，以為你彎腰下去，是想偷他的瓜，所以瓜田不納履。至於李是在樹上，我們走過李樹下，或走過桃樹下、杏樹下，上面結著就是果實，這時你把帽子扶正，人家遠遠一看，好像你想伸手摘他的李子，你說我明明是要把帽子扶正，可是別人會想，你為什麼別處不扶，恰好在李樹下才整冠呢？這理由辯解不清，所以這是要避嫌疑的。古詩有云：「君子防未然，不處嫌疑間，瓜田不納履，李下不整冠。」前面二句是講，君子對一切事都要防患於未然，不讓自己處在嫌疑的情境之下。君子是一個讀書明理之人，他一舉一動都要防患未然，想到將來的後果。

面臨有嫌疑的時候也很難居處，有時候連聖賢都很難避免。孔子與弟子厄陳蔡時，在面臨絕糧之際，好不容易弄到了一點米，請顏子煮一鍋粥飯，正在煮的時候，忽然屋上掉了一片土塊，顏老夫子看到土塊掉下來，趕緊把它撈起來，而撈起來的粥丟掉實在很可惜，於是顏子就把粘了土塊的粥飯給吃了，這一幕正好被子貢看到，他以為顏夫子平時很有修養，到了危難沒有飯吃的時候，他居然失了節，修養就不到了，我們大家都還沒吃，他就先吃了。於是到孔夫子那裡去告狀，孔子說：「別慌，你看事情不要這樣衝動，我來問問他。」孔夫子好意思直接問嗎？當然不好直接問！他跟顏子講：「粥煮好了，我們先祭祀吧，等祭祀過後我們才吃！」顏子說：「不可能了，今天不能祭。」孔子問：「為什麼今天不能祭？」顏子才把原委講出來。在祭禮當中，凡是祭祀的東西，必須是事先沒有嘗過的，凡是嘗過就不能祭祀，因為剛才掉灰塵下來，雖然不是存心先吃，可是但也算是嘗過了，所以不能再祭神了，孔子這樣一聽才瞭解事實真相。

這樁故事是在《孔子家語》裡面。《禮記·曲禮》是曲曲折折的意思，要通人情世故。所以禮儀當中，禮有揭疑的意思。凡是有懷疑、嫌疑的時候，假如不講禮，專講法律，凡是拿法律來問一問，那多尷尬，多傷感情，而且也辦不到的事情。可是如果一味地不好意思問，始終存在心裡面，那也不行！所以委曲婉轉，非常善巧方便的一問，很輕鬆地就把問題給解開了。從這件事我們知道，聖賢之間難免都有這些嫌疑，何況我們普通人。我們日常處在社會、處在團體，隨時都會遭遇嫌疑問題，甚至家人父子之間。在過去歷史上，皇帝往往跟他的太子之間也有很多嫌疑。大家讀讀《左傳》就知道父子之間，往往因為皇后、妃子間的挑撥，就把父子間一點嫌疑事情挑撥起來。

所以瞭解這一條是原則性、是一個比喻。我們社會上到處是瓜田李下，例如我們拜訪朋友，敲朋友家的門，如果沒有人在家裡，而他的門正好沒鎖，只是虛掩著，你只能在門邊喊喊人，不能夠進去。要是進去了，將來他家裡面有東西丟了，那你的嫌疑很大，說不清楚。在過去抗戰時候，軍事行動最忌諱讓一般人知道，有些人不瞭解隨便問，別人會以為你在打聽軍事行動，以為你有什麼企圖，是不是替敵人來試探我的行動，這種情形都是有嫌疑的。所以瓜田李下特別是告訴我們要避嫌疑，處世很難，自己要隨時注意，要懂得禮。禮教導我們明瞭人情事故，讓我們不要處於嫌疑當中。

十三、凡事要合理智，不可偏重感情。

我們做任何事情，都要合乎理智，因為理智是講公道的；凡是感情都是偏向私人的好惡。假如我們在公家做事，一切都要依法令規章來辦理，要是遇到自己的好朋友來接洽公務，我們應該熱心地為他講清楚，這是應該的，可是不能超過法令的範圍以外，如果超過了，那就是偏重感情，違背了理智。理智是讓我們替一切人平等辦事，而感情則是專門替自己要好的人辦，這時候公共的事務反而被我們擺在一邊，這是不行的。不過人情也不能不講，假如說替親戚朋友辦事，不妨害大眾，當然可以。如果妨害到大家，這種事絕對不能辦，人情也不能講。這個是主要原則。

十四、己所不欲，勿施於人。

這在《論語》大家都聽過的，理論都知道，可是這是個人修持問題。遇到境界時我們是否能依照這樣去做？不論大小事，譬如說人家托我們辦，我們感覺能力辦不到，而且又很為難，那這件事我們就不能讓人家辦。凡是自己能做的事，最好不要交待別人去做，學道的人，凡是能自己做的事情，都要自己動手。曾經有一位住在大坑的杜老居士，好像比我們老師大一歲，他在七、八十歲的時候，一切飲食、住、行都還是自己照料，那麼大的年齡，還自己換洗自己的衣服，什麼事都自己辦，這有他的道理，這就是惜福。

富有的人，他不雇傭人，一切都自己做，這就是愛惜自己的福報。假如一切的事都叫人去辦，等到福報享盡了，就換人家叫我們辦了，尤其在現在的社會裡，有本領而不得志的人很多。同樣的在外面做小差事的一些人，你認為他是替我做幫傭，我就應該讓他做，可是他的能力辦不上，我們也不能勉強！有些人身體不好，就是因為平時動手太少，一個人手也不做，腳也不動，身體不會好起來，其實自己多做事，跑跑腿多好呀！自己的事情我們儘量自己辦。有些事實在是辦不到的，當然也要請人家幫忙，這個社會是講互助的，人家有事需要我們幫忙，我們要幫人家，因為有些事也需要人家的協助。對於自己能力不足的事，需要人家幫助一臂之力這是可以的。否則的話要做到己所不欲，勿施於人，這個講恕道，凡事都要設身處地替人家著想。

十五、凡求教他人的事，必須造門請問。

造門是登門，是到人家家裡去，我們有事求教人家，不能打個電話叫人家到家裏來，這個是不行的。固然朋友之間，不能這樣做，就是長官對部下，在辦公室裡只辦公事，不能要求部下替你辦私人的事情。如果有事請託，你還得到他家裡去。不過對於感情非常融洽的朋友，不必到他家裡去，在見到時，當面跟他拜託也可以。按照古禮，凡是我們有事求教於人，包括學問、自己不懂的事情，或是請託別人辦事，要求人家來講解，都是要專程去拜訪。事情愈大愈是要慎重，你看自古以來，愈是這樣謙虛慎重，愈是能夠得到人才。周家有八百多年的天下，周文王到渭水去禮請姜太公，並親自為他駕車，以高規格的禮節來禮遇他。劉先主三顧茅廬，三次誠懇地求教於諸葛孔明。歷史上我們看到只有以真誠的態度求教於人，人家才會推心置腹地給你分析，並給你貢獻意見。假如自己很輕慢，人家會敷衍就算了。

這個處世學問很廣，事情也很多，不過這十五條，每一條都這樣做，那麼在世間上就可以明哲保身，無論亂世，還是太平盛世，身心都能處得平安。一個人想得到身心平安是不容易的。亂世固然不必說，就是在太平盛世時，人與人之間都難免有相害，互相鬪意氣的，特別是有學問的人、讀書的人，很容易鬧意氣的，東林黨黨禍都是這麼來的。看看情勢不對，我們不必參加這個。所以讀書人，什麼事都要看情況，能夠說我們就說，不能說時也要免得激起對方反對的意見。

最近有些人主張，中國文字要從原來由上到下，由右到左，變成由左到右的橫寫。似乎從左到右橫寫的那一派勝利了，現在規定橫寫都可以從左到右。另外還有人主張，不但橫寫要從左到右，直寫也可以從左到右，有些人說最早甲骨文上的文字，就是從左到右寫的，這就是理論根據，其時甲骨文是用來占卜的，有特殊的寫法。像是易經乾卦的六橫，並不是從上往下寫的，它是從下往上寫的，所以占卜的寫法不一樣。

後來又有人說，唐朝顏真卿的《大唐中興頌》是直行從左到右寫的，好像振振有詞，可是文化大學有個姓史的書法教授，寫篇文章說《大唐中興頌》原本的寫法不是這樣，這個是有心人偽造的。顏真卿是大書法家，他不可能有這樣奇怪的寫法。現在偏邪的說法太多，不懂禮的人，你跟他講有時也講不通。中國經典的書寫方式，最大多數還是從上往下，從右到左，十三經、二十五史以及現在一般通用書籍，無一不是如此，不能因為找幾個特殊的例子，就否定最大多數行之最久，最有習慣的方式。我們學處世學了十五條，看看社會上這些情形，我們力量能做到的，要儘量做，做不到的，我們省一些氣力。社會上一個是明哲保身，再進一步是能夠轉移社會風氣，看自己力量如何，都在這幾條當中，能夠辦得到，要盡力去做。

（卯）聚餐

這章是聚餐禮節，在一般社交場合聚餐的機會非常多，無論是普通的宴會或者喜事，都免不了有宴會，外交上當然就更不用說了，凡是在社會上與人接觸來往，這個應酬是免不了，有這些應酬就該懂這方面的禮節。

一、座有次序，上座必讓長者。

第一條說明座位問題。在前面我們已經把座位還劃出來，中餐有中餐的席位，西餐有西餐的席位。上座照例要讓給長者來坐，有些人不懂得，自己坐在上位還不知道，那就太欠缺禮了。所謂長者，要看當時情況，譬如說這一席所坐的人如果是家庭，他以輩份來計；如果不是，一般是以年齡來看；如果在機關，則是以職位高下來區分。譬如說市長的年齡只有四十幾歲，而市政府的職員有五十幾歲的，那你不能按照年齡來算，你跟他同席吃飯，他是長者，這是看當時的場合。就一般都是普通朋友，一切都不認得，不是家族，不是公務機關，是普通的一般親友，按照年齡也有高下的，誰比誰大，這個也要推讓一下。

二、入座後不橫肱，不伸足。

把座位安排好了，長者坐上位，其餘按年齡身份，除一個上座以外，還有次要座位不同，按照身份坐定。入座後無論坐在哪裡，個人在個人的座位，不要橫過來。肱是上肢，坐定後兩隻手不能橫放著，你把兩手一橫，旁邊的人就無法坐了，吃飯時不能妨礙人家，所以不能橫肱。再來是不能伸足，古時候的飯桌像是日本式，擺在塌塌米上的低矮桌子，我們坐在席位上，假如你把腳一撐開，撐到對方那裡去，別人就坐不了了；現在的餐桌雖然比較高，但腳也不能伸出去，這一條提醒我們，吃飯時要注意身體姿勢，也是提醒我們，隨時顧及到身邊人的感受。

三、主先舉杯敬客，客致謝辭。

做為宴請賓客的主人，在客人都入座之後，要為客人斟酒或是上茶，然後把菜上齊了，主人照例要先拜客，再舉酒敬客。古時候的禮節是要拜客的，現在不必拜了，因為禮要從俗。雖說拜客可以免，但是做主人的，一定要先舉杯敬客。敬完之後，凡是做客的要致謝辭，主客當然不一定要致謝辭，但其他陪客可要致謝辭，這是應有的禮貌。

四、主人親自烹調，須向主人禮謝後食。

這一點是另外一條需要注意的事，這時看席位是在什麼場合，如果是在外面餐廳宴請，或是主人請你到他家，從外麵包席、叫外賣送到家裡，致謝時不必特殊表示。如果是主人親自做菜，這就是很隆重的宴請，這個時候作客人的首先要向主人致謝，然後再開始享用。在《禮記·曲禮》中，就有講：「主人親饋，則拜而後食。」「親饋」就是主人親自做的菜肴，客人要先拜了再吃。「主人不親饋，則不拜而食。」這是《曲禮》講的。因為主人親自做菜，一方面是辛苦，再另一方面是特別敬重這個客人。在家裡面做子女的，對於父母長者，都必須親自弄飲食，自己才放心，你要叫家裡傭人做，有時候還不放心！親自做表示你對這件事情最敬重，最慎重。我們對待客人親自做，那客人表示你特別看得起他，所以作客人的，必須要特別來感謝。

五、主人敬酒畢，正客須回敬主人。

請客的慣例，古時候都是有一個主要客人叫正客，除了主客之外，譬如說某人要出遠門了，我們給他餞行，或是他從遠地回來，要給他接風洗塵，這個人就是正客。要是只請一個人不大合適，所以就要同時請幾個陪客，但陪客也不能隨隨便便的請，那可不簡單，要是請的陪客和正客相處不好，交情不夠，話也談不出來，那請這些陪客來的場面也不太好。因此所請的陪客必然是跟正客私交很好，在一起談得投機，這樣的人可以做他的陪客。最好同時請幾位，這樣一起宴會，主客就非常融洽。這時候主人當然要敬酒，主人先舉杯敬客，敬畢了之後，一般人不知道，陪客等主人敬完了酒，先別急著動，你要是好心好意要多禮回敬，那失禮了。要看看誰是主客，誰是陪客，主人當然不講，在主人的立場，他講這些人都是客人，不過只要看看當時所坐的座位，就可以辨別出來了。坐在第一個重要位子的，他就是主客，正客。

當主人敬完酒之後，要讓主客先回敬，這是應該，在正客回敬主人時，陪客再隨著敬就可以了，千萬不要搶先敬。不過做正客的，也一定要懂得這個道理，不要主人敬酒了之後，我就不回啦，那就失禮了。所以說參加一個宴會可不簡單啊！除此之外，還有一種情形必須瞭解，譬如說，我們這一席跟年高德劭的正客敬酒，其他席或許也有主人派來的代表，在酒過三巡之後，那些客人都要到主要席上敬主客，到這時候你是這席上陪正客的陪客，他們來敬主客時，主客當然是站起來，拿起杯來接受；這個時候陪客不能站起來，要是你站起來，他是要敬主客呢？還是敬陪客？這個是不合理，所以你要坐在那裡不要動。一般人可能不瞭解，人家來敬酒，我們還坐在這裡，好像不對。其實我們要清楚，他不是來敬陪客的，而是敬主客。如果是主客吩咐，因為你在席上做陪客，他認為你的地位很重要，敬正客後，也一一敬了陪客，也有這種情形，那麼這時候做正客的他交待了，大家就一起來，不要一個個來，這是在主客吩咐之後，大家才可以起來，如果不吩咐，你仍要坐著不能動，這是事先要瞭解的。

六、舉箸匙，必請大家同舉。

主人照例在每一道菜上來時，都要先舉杯向客人敬酒，敬了之後請主客舉箸夾菜，這時候當主客的人，不能只有自己舉筷子而已，要請大家一起來，一起舉箸。當然喝湯舉匙同時，也要大家一起來，這是平等的，主客必須要懂這個禮貌，不能自己以正客自居，要大家同舉，這個各位將來都有機會，現在雖然都還年輕，以後一眨眼年高德劭，成了長者時，要注重這個禮。

七、用箸夾菜，只取向己之一方者，不立起向他角器中取菜。

在席間用筷子夾菜的時候，無論菜有多少盤，都夾向自己一方的盤子，離自己比較遠的，不要繞過去夾，要是從左邊、右邊、後面，從那一邊都會侵犯到人家，假如人人都是這樣橫過來，互相侵擾或者是筷子打架，那怎麼行呢？同時不要站起來，這桌子很大，菜離我很遠，我坐著搆不上，於是就站起來伸手過去，這是不許可的。不過現在很多餐桌，當中有一個圓盤可以轉動，往往可以避免這種情形。但有一些人，雖說桌子能轉，但不懂禮的時候，也會發生一些失禮的狀況，例如說在上菜時的規矩是，新上的菜要先放在正客那裡，先請正客舉箸夾菜，桌子那麼大，菜還沒到轉到你這一邊時，如果我們等不及你站起來夾菜，這也是很失禮的。

八、箸匙不向碗盤頂心取菜取湯。

筷子或湯匙不要向碗或盤中央取菜、取湯，這個是為什麼呢？因為禮讓，頂心中間的菜是要禮讓人家的，你先吃靠近你這一邊的。赴約是一種禮，不能說要吃個夠本，沒有吃到好像很吃虧，其實少吃就少吃一點，《曲禮》講：「共食不飽」。拿現在來講，參加宴會不要多吃，因為很容易就吃過量，一吃過量回到家，腸胃消受不了，所以在宴會上，不能像在家裡一樣，明明可以有兩碗的飯量，就只吃一碗，保留一點才不會過量。飲食過度在年輕時也許感覺不出來，年齡稍大一點，胃沒有彈性了，多吃一點點，胃就發生障礙。一旦胃不好，各種毛病就跟著來，所以老年人不必勉強，不必勸他多吃。古時我們對客人要努力加飯，現在不要了，不能免強人家多吃。禮貌上當然還是要禮讓，適可而止，在宴會上不能貪求，如果說好吃的我們儘量取，然後向中間、兩邊去取，甚至在取的過程還要侵犯人家，這都是不合適的。

九、公食之器，不用己箸翻攪。

公食之器，就是宴會上擺在桌子中心，大家共用的公筷、公匙，一道菜旁邊擺一套，大家一起用這一套食器，把菜夾到私人的碗裡，再使用私人的餐具進食。以衛生的角度來講，在家裡最好都有自己專用的杯子、碗筷等食器，每一餐所煮的菜，最好這一餐就把它吃完，如果吃不完要預先分出來。再者要提倡用公筷、公匙，否則東西很容易壞掉，因為筷子與口中的唾液接觸，再去翻攪盤裡的菜，有時我們口膜的細菌，沾到飯菜裡，天氣一熱它就繁殖得很快，菜往往就很容易變味，在自己家裡都要這樣注意，何況是和公眾在一起吃飯。

一堆人吃飯如果不用公筷、公匙，例如裡面還有一些生客，我們不知道對方身體健康狀況如何，有沒有傳染病？一不小心就容易交叉感染。還有，公食之器無論是筷子、匙子，也不能在碗盤裡面翻來覆去的攪，這是講究衛生。再加上個人有個人的口味，所以不能在盤子裡翻來覆去，大家都在找好吃的，你找好的，他也找好的，大家不守禮，這樣很不衛生。家庭有小孩子的，從小就要訓練，如果沒教，讓他養成壞習慣，長大糾正不過來就麻煩了。

十、匙有餘瀝必傾盡，方再入公食器中。

舀湯的公用湯匙子，舀了湯之後，要把它的餘瀝湯水完全倒淨了以後，才可以再到公器裡面舀。有些餐廳湯菜上來以後，公食裡面都有大湯匙子，不需要用各人的匙子舀，服務人員會先給你分好，一人一碗，如果不是事先分好，除了私用的匙子以外，另外要預備一個公用匙子，舀過來放在自己碗裡，然後再吃。到人家裡做客，也應該這樣。有的人家講究衛生，準備了公匙，我們就必須使用公匙來舀湯，用好了以後仍再放回湯碗裡去。如果主人沒有預先準備，那又另當別論，不管是哪一種情形，還沒有倒完的餘瀝要倒乾淨，當然要倒在自己碗裡，傾乾淨了以後再舀，從公食器當中舀出來的湯，不要直接放到嘴裡，要放到碗裡再吃。在《曲禮》也有這樣一條要注意的，喝湯不能把自己湯匙子放在公器裡面舀來舀去的，要注意這些事項。

十、自己碗中之餚菜，不可反回公器中。

你已經夾菜，放在自己碗裡吃不了，或夾錯不是自己喜歡吃的東西，想把它再放回去，這個不行的，誰叫我們不看准了再夾！這個不可以的。所以《曲禮》裡面講「勿返魚肉」，自己夾的魚、肉，不能再送回去。除了你自己夾的不能送回去外，還有一種情形，主人以公筷敬菜，已經夾到你碗裡了，你不能說這個我不要，又夾回去，那樣不衛生，也不禮貌。

十一、箸匙所取餚菜，不倍於他人。

倍是加倍，你無論是用筷子或是杓子，無論是菜、是湯，有些人對於一般的菜可以禮讓，對於自己喜歡的菜，人家夾一份，我要夾兩份，這是不行的。譬如到餐館裡面，有時候上來的菜份量有限，如果一席坐十個人，這道菜有十二份，一人一份就剩兩份，我們不能因為喜歡吃，把剩下的兩份占為己有，因為別人可能也喜歡吃啊！此時剩下兩份，就讓它剩下來。如果數量沒有限制，在各位客人都吃過了以後，下一道新菜上來了，那麼你對這菜特別愛好，可以多吃點沒關係，什麼都可以通融的。禮雖然說不能倍於他人，但是在大家都吃過的情況下，這盤菜還有剩，快要被端下去了，此時大家都不吃，我也不敢吃，那剩的這些菜也是浪費，不是那樣拘泥的。只是在開始的時候，必須要注重那個禮節。

十三、食勿響舌，咽勿鳴喉。

在《曲禮》有句話「勿乍食」，乍食，《曲禮》的解，漢儒所解的舌與口做聲，菜放在嘴裡，是試驗味道，要嘗嘗辨辨這味道，這味道是好是不好，為什麼不可以這樣呢？你這樣一辨味道好像嫌主人菜做得不好，好，你嘗一點，不好，你不吃了，不可以這樣，你不可以拿到用口用舌這樣乍一乍，乍了主人一看你這個舉動，心裡一想我這菜做得不好，讓客人試驗試驗，主人心裡就不大好受了，所以不要乍食。食勿響舌，就是勿乍舌。咽勿鳴喉，就是自己的風度，吃菜喝了湯，按照自己的份量，細嚼緩咽，嚼得很細很爛，然後緩緩的吞下去，如果不細嚼又不緩咽，糊亂一下喝湯，喝湯一喝一杯一嘴咕嚕，喉嚨響了，那讓主人或者是其他客人聽到都不是滋味，看起來也不太文雅，不太斯文。

吃的時候，不要讓喉嚨有聲音，喉嚨有聲音既不雅觀也不衛生，怎麼不衛生呢？譬如吃葷菜的人，有時候魚肉裡面有骨有刺，當嘴裡的份量少時，肉裡細的碎骨，在嘴裡嚼的時候，很容易被察覺，你不會把它吞下去；假如口裡放入的食物很多，沒有細細的嚼爛，就囫圇吞下去，可能就把喉嚨刺破了，有這種情形。還有無論是葷席、素席，有種湯剛燒上來時浮著一層油，看上去冷冷涼涼的，沒冒熱氣，這是因為油把熱氣蒙住的緣故，這時候湯匙一舀，往嘴裡一大口吞下去，這個就麻煩了。那個滾熱的湯，就會讓你的舌頭受不了，喉嚨薄薄的膜也很容易燙爛了，所以在宴會上往往很容易喉嚨出了毛病，這個都是要注意的。

平常如果沒注意吃飯的習慣，吃東西時就像古人所形容的「狼吞虎嚥」，像豺狼吃東西囫圇吞下去，像老虎吃東西，連小動物的皮毛骨頭一起吞下去，那種吃相多難看啊！既難看又危險，在人家那裡做客吃餐飯的時候，把身體吃壞了，多划不來！所以吃的時候養成習慣，咽勿嗚喉，緩緩的，要試驗試驗，最好舀湯，不要舀滾燙的，要有這個經驗，要稍微讓熱氣散開，到嘴裡面先喝一點，不要一匙子都喝下去，喝一半或喝四分之一，淺含在嘴裡，看舌頭受不受得了，在平時就要如此，無論在家或在外做客，當這樣的習慣養成之後，到別處去做客時，才不會如此，一切都是平素養成的。

飲食可以說是烹調方面最講究的，大家一起吃飯，實在在衛生方面比較不注意，吃飯禮儀方面，在《曲禮》講得很多，可說是人人都曉得吃，但是人人都不會吃，所以聚餐這一項寫得特別多，看起來似乎是小事情，實在中間存著大道，假若這些威儀都能做到，實在可以考驗我們這個道是否有進步，吃飯可以考驗出來，可以體會出來。這些考驗要教小孩，他可以一樣一樣做到，但是不一定立刻可以體會出大道來，學佛的人如果能夠再去體會它，就會體會出很深的道理出來。

我們老師講飲食，把學食先講求味美，把中國吃飯的道理在那食序裡面寫進去，可見吃飯方面很不簡單。尤其中國的出家人，很注意吃飯的規矩，到寺裡看過堂裡那一種嚴格，好像這一餐飯把人拘束得不得了，實際上一頓飯吃下來以後真是衛生，雖然拘束一點，可是真衛生。這在其他場合裡面很少看到，過去在軍隊裡面比較講究，入伍時會教吃飯的規矩，軍隊的主官叫士兵也注意這個，可見這事情的重要。我們學過佛的，再來看這些地方，體會應該比一般人多，要再細細玩味，有很多味道在裡面。我們就算有些體會，很多事情我們還是有所欠缺，即便照這個完全做到了，那個味道也不見得體會出來，還是要多體會些。

十四、公食以不言為原則，須言亦應避免唾沫入公器中。

聚餐就是飲食吃飯，普通人認為吃飯還不容易！可是不講就不知道，我們把《常禮舉要》看一看，就知道當中有很多事情必須要注意。拿我們過去與這裡一對照，才知道過去也曾發生過很多毛病。這一條就是說公食以不言為原則，須言亦應避免唾沫入公器中。

公食就是眾人在一起吃飯，大家同席有很多菜，無論宴會是否為正式的，只要幾人同席就是公食，公食照說不應講話，孔子曾說「食不言，寢不語」。吃飯時最好不要講話。講話有什麼不好呢？因為這個嘴已經用在吃飯了，同時再講話。有些人年輕不知道，尤其是年紀老的人，一邊吃飯一邊在講話，很容易把舌頭或是腮咬破了，常有的事情。除此之外，最不好的是吃飯時高談闊論，嘴裡的口水飛出來，飛到菜盤裡，這都是不合乎衛生的。大家注意觀察，吃飯談話時，假如有一道日光照進來，嘴裡噴出的水分看得很清楚。所以大家一起吃飯的時候，以不說話為原則。

這只是講原則，不能說一成不變。在宴會當中，大家如果都不發一語，那也顯得太過沉悶，宴會中總是要說幾句話，所以在說話的時候，就要謹慎小心，避免唾沫到菜碗裡去。現在一般館子裡，有些人一邊吃飯一邊喝酒，喝得醉薰薰的，又是猜拳，又是喧嘩，我們冷眼旁觀，曉得菜裡面不知加了多少味道。所以必須要講話的時候，不要高聲，以對方聽得到為原則，口最好是不要對著菜碗，這一條要遵守的。

十五、咳嗽必轉身向後。

人難免有咳嗽的時候，要用手或是手帕把口遮起來，這是可以的。這裡講轉身向後，是最妥善的辦法。咳嗽時噴口水的力度，比講話更厲害，有些人連咳嗽、打噴嚏，不但是把口沫噴出來，連口裡的飯菜、菜屑子、飯渣子，統統噴出來，那全席的飯菜還能吃嗎？

十六、勿叱狗，不投骨於狗。

叱就是叱責，大聲來嚇唬狗。「勿杖狗，勿叱狗」，講的是我們到主人家裡去作客，主人家有狗，當吃飯的時候，狗有時候會跑到桌子底下，或是座位旁邊，好像要我們拿東西給他吃似的。作為客人的不要叱責牠，這就是我們平常講的，打狗還要看主人。你叱責主人的狗，等於對主人沒有禮貌。在《禮記·曲禮》裡面有另外一個角度的講法，「尊客之前不叱狗」。這是就主人方面來講的，尊客是有客人來的時候，作為主人的，不要叱責狗。因為這樣會讓人聯想，我來了你家，你是否正好借題發揮，用叱責狗的方式來表示對我的不歡迎！恐怕引起客人心裡的懷疑。

根據這個原則，客人來了不但不叱狗，就是家裡小孩子鬧的話，也先不要責備，因為你罵小孩的時候，客人心裡會發生懷疑，這都是要注意的。「不投骨於狗」，是說在吃飯的時候，有些人把肉吃掉了，骨頭不能吞，就給狗啃一啃吧！這個不可以的，為什麼呢？一則照鄭康成的注解，主人供給我們吃的東西，我們作客人的，一律都要把它看得很珍貴，很敬重。如果把骨頭丟給狗吃，就等於看不起主人的供給，有輕賤的意思，這是古時候的講法。再有一點意思，我們老師講過，假如有兩條狗，你丟一塊骨頭下去，就可能引起糾紛，兩條狗爭著打架，呼嚕呼嚕叫的時候，這一頓飯就不能再吃了。你想想看，場面多麼難堪呢！對主人也是不好。

十七、碗中不留飯粒。

作客人吃飯的時候要先量力，飯量有多少就盛多少，要把它吃完，如果留下來，那就浪費掉了。不是給人請客如此，就是在自己家也應如此。在寺廟裡出家人吃過飯後，還要在碗裡面倒入開水或茶，用筷子涮一涮，然後把水喝下去，在我們一般人看飯粒吃完了，應該是好了，但出家人愛惜五穀，吃東西時一點點都不浪費，這是培養自己珍惜物質。不管怎樣富有，物質總是有限。我們自己夠了，還有很多人不夠，要培養愛惜物質的心理！不敢處處浪費，其他穿衣吃住都要節儉。

居家就是「勤儉」兩個字，辛勤勞作就是開源。節儉就節流，居家能把握開源節流，這個家庭將來不會受到困難，這是居家有道，自己、小孩都養成這個好習慣，到外面作客也是！雖然有時我們看別人不是如此，只有我們吃完後用水涮過再吃下去，不甚利便，但最低限度碗裡不要有剩，要把它吃完。吃多少就取多少，這是養個人的美德。

十八、不對人剔牙齒。

不對人剔牙齒，在《曲禮》裡邊，講毋刺齒，刺齒就是剔牙。為什麼毋刺齒呢？據鄭康成的注解，我們一個人的嘴除了說話，吃飯必須要動之外，平常最好不要動。雖然是講話、吃飯，嘴巴的動作也有禮貌的。有受過教育的人，吃東西的時候嘴巴是閉著的。無論是飯是菜，放在嘴裡細嚼緩咽，一方面比較不顯得粗野，再來也合乎衛生。

不但是吃飯時口要注意，同樣的說話的時，無論是笑、是講，嘴巴也要有一定的儀表。平常口不要隨便開，講口的容止，止就是止住，就是口不要常常動，假如一群人同桌吃飯，我們拿著牙籤叨在牙縫中刺來刺去，口張著很大，人家看起很不雅觀，而且給人心理上不舒服。因為齒縫裡面有很多菜渣子，一點一點往下剔，讓人家看了飯都吃不下去，這一層心理作用是要注意的。所以觀乎儀表，不要讓別人心裡不舒服，這就是禮貌，就是處處替人著想。

十九、客食未畢，主人不先起。

作主人的一定要等菜都上完，客人全部吃飽，看到大家筷子都放下來了，這個時候你才起來。如果還有客人沒有吃完，你不能先起來。如果吃到一半主人先起來，那麼懂得禮的客人，他不管吃飽沒吃飽，也必然要跟著起來，主人起來就等於是辭客的意思，所以主人不能先起來。作主人必須如此，而作客人也是這樣，在被邀請的客人當中，有主客與陪客之分，在席上作主客的人也要觀照所有陪客是不是都吃好了，還有一個客人還沒吃完，主客就不能起來，你起來就失了禮。

在舊式的婚禮中請客宴會，也有個主客，通常都是年高德劭的長輩，或者是家族中輩份年長的長輩，此時主客所坐的席位，位於正當中最裡面一席，其餘的客人都看得到這一席，此時坐主要席位的主客，就要看全部的客人是不是都用完了，如果還有一個還沒用完，主客就不能起來。因為主客一起來，其餘的客人也都得站起來，這是禮。不過現在有些地方不知道這個道理了，大家認為請來的客人應該都是平等，各走各的，不過我們既然知道這個道理，不管人家懂不懂，我們一定要遵守，這樣才不會失禮。儘管最大多數人不瞭解，但萬一其中有人瞭解的話，他看到你失禮，心裡對你的看法就打了折扣。

一般作學問，無論是寫字或是說話，引經據典都不能錯誤，不要認為現在錯的人很多沒有關係，一百個人當中哪怕有九十九個人不懂，其中有一個人知道的話，這就不行了。所以一切的禮，一切的學問，不論人家知不知道，就應該盡其在我，我們自己知道了，就一定要照著去作。

二十、起席，主遜言慢待，客稱謝。

宴會完畢，大家都吃好了，主人要謙虛地表示慢待，沒有把客人招待好。而作為一個客人呢？要向主人道謝。中國的禮和外國不同，在外國作主人的，在客人吃好了以後，問客人吃得怎麼樣？如何？表示自己的菜作得多麼好，自己感覺到值得驕傲。這樣的國情跟我們不相同，他有他的道理，我們中國自古以來不是如此，雖然是很好的宴會，很好的菜，我們還是謙虛的講粗茶淡飯、薄酒！而在外國，你跟客人講粗茶淡飯，客人就不高興了，觀念上相反，很多是不能相通的。

二十一、宴畢，主人進巾進茶。

整個宴會結束了，主人要進巾進茶，不是一吃完就散席了。吃完以後出來餐廳，還要到另外一處，譬如出來到客廳，再上毛巾、茶水，這是必須要的禮貌，然後整個宴會才算是有始有終，才不失禮。這些規範我們把它推廣開來看，從入席、讓座到宴畢這些過程，我們要隨時留意，這當中很不簡單，有些看起來很容易，可是自己參加宴會的時候往往就忘記了，所以平時要訓練有素，隨時照這個作。學而時習之，這就是時時練習，照上頭學習、練習。

（辰）出門

下面講出門，我們無論在社會上作事，或不在社會上作事，都要出門。一出門有應該注意的事情，當中包括禮節，交通安全等種種需要注意的。一共有十五條。

一、衣冠不求華美，惟須整潔。

這裡講穿的衣服，戴的帽子。衣冠是一個名詞，古時候為什麼講衣冠？因為當時的人出門，必然要戴帽子，就是不出門，有客人到我們家裡來，我們見到客人，就要把帽子戴起來。古時候懂禮的人都是這樣，不管是讀書人家裡，或者一般不讀書人家裡皆是如此。在家裡我們穿的衣服很隨便，但有預備一套出門用的衣服掛在家裡，平常沒有出門的時候，這個衣服放在那裡也是有作用的，一旦有客人來時，要趕快把衣服穿起來招待客人，客人來訪當然穿恭敬的衣服，他對主人恭敬，主人也穿相對的衣服，穿戴整齊，也尊敬客人，這就是衣冠。

現在講衣冠，當然不必講求華美，個人經濟情況不一樣，經濟允許的可以買質料很好，衣服可以講究，經濟情況不太好，就不一定穿很好的質料。質料好不好沒有關係，但是要穿得很整齊、清潔，衣服常換洗，不要髒了還穿出來。一件衣服其實可以穿很久，最重要的是整齊，一定要注意。古時候物質艱難，不像現在科學發達，經濟比較富裕，一件衣服總是穿得年歲比較久一點，尤其質料好，比如皮衣服、絲織品，那些是真正的絲織品，不是人造絲，一件絲織品穿得很久的。但是普通人家，皮衣服、絲織品的衣服，是不容易的，那麼布料子衣服也行。布料衣服你要穿出去，人家也不會笑話的，懂得道理的人，也不會批評，就是衣服穿舊了把它補起來，洗乾淨還是可以穿！弘一大師他的一件海青大袍子補了一百幾十個補在上面，可見他老人家愛惜物力之徹底！我們當然不必那樣子，穿得整整齊齊，乾乾淨淨的就可以了，你出門這樣子就不會失禮。

二、見長者，必趨致敬。

出門遇見長者，或是年齡比我們長，或是輩份比我們高，或是有道德學問的尊長，必然要趨進！趨是走得很快，比如長者在前面，距離我們還有幾十公尺那麼遠，我們就要快點走到長者跟前去，向長者致敬，在《曲禮》裡面這麼講的，「遭先生于道」，在道路上碰到先生，這個先生包括老師，或是叔叔、伯伯，父親要好的朋友，父執這一輩的，都叫作先生。在路上遇見這樣的先生，就要「趨而進」，很快得走上前去，「正立拱手」，走到適當的距離，對著先生恭恭正正站在那裡拱手，「拱手」就是抱拳。「先生與之言，則對」，長者見著我向他致敬的時候，如果他有話要問，要跟我們說話，就讓長者把話說完了，我們再有條不紊來答復長者；如果長者「不與之言」，只是給我們表示一個禮，他也不問語，那麼「則趨而退」，我們致敬致完了就退下來。

在現在來講，也有例外的，在馬路上我走這邊，先生長者走那邊，馬路車輛很多沒辦法跑過去，那就不必趨前。當然如果沒有車輛，或是紅綠燈正好開了綠燈，有這個方便的話，可以穿過去，交通安全還是重要的，你硬是要跑去向長者致敬，中間有很多車子往來，彼此都不方便。但情形許可的話，則必須要這樣作。

三、登高不呼，不指，不招呼。

在《曲禮》裡邊是這麼講的，「登城不指，城上不呼」，城是指城牆，登上城牆時不要往下指這個，指那個，同時也不能夠呼喚，不能喊什麼人，什麼人。這裡講登高，是指在城裡邊講的，不是指高山。現在市區裡面沒有城牆，但是有高的建築，意思是一樣的。讀書不能「舉一隅不以三隅反」，那就不能變通了。比如說在建築物二樓的陽臺上，往下高呼，街上人那麼多，不知道你在上面發生什麼事，下面的人一聽到呼喊，都要跑上來了，所以登高不能呼。還有在任何一個高處一指，下面那些人不知道你究竟指的什麼，車輛來往得那麼多，你這麼一指，大家都停下來，這時交通就阻塞了。

還有這個「不招呼」，我們認為，下面那麼多人，其中有個是我的朋友，我向他招呼一下，下面那麼多人，誰都發生懷疑了，究竟是招呼誰啊？給你這一招呼，大家就亂了，恐惑了，你在上面這麼一招呼一指，就把人家的秩序擾亂了，這是不對的。

四、路上不吸煙，不嚼食物，不歌唱。

這是指一般人，當然我們學道人不會抽煙的，正在走路的時候，不能夠一邊走一邊吸煙，這樣是失了儀態，做外交官的人，不管他會不會吸煙，在正式外交場合裡面，他不會吸煙的。除了衣冠整齊以外，他手裡拿著什麼東西，都有他的禮貌、規矩。如果這個外交官手裡還拿著煙捲，那這個外交官就完了，把國家的禮喪失了。至於一般情況，現在公共場所很多都是請勿吸煙，在電影院裡不能吸煙，在一個大的禮堂裡面，也不准吸煙的。在路上人來人往那麼多，一邊行一邊吸煙，在規矩上也不許可，除了儀態不好，還有吸煙的味道讓不吸煙的人聞了難受；而且煙頭的火苗如果沒有熄滅就隨手亂扔，也會造成危險。

還有不嚼食物，一邊走一邊吃東西，拿個香蕉，拿個橘子吃，這個普通人家都不許可，我們是修道的人，邊吃邊走那不像話。有些人他不但邊走邊吃，還隨吃隨丟，自己不知不覺，這種習慣養成了，往往是失了禮自己還不知道，別人看起來，非常不雅觀。現在還有一種毛病容易犯，就是吃檳榔，邊走邊嚼檳榔，很不好看。政府現在呼籲不要嚼檳榔，本來檳榔可以當藥治，是一種藥，我記得在《飲食須知》裡有一部書叫《學海類編》，記載檳榔是在南方產的東西，用得好可以治很多毛病。但臺灣很多人拿它當零食吃，在口裡嚼，吐出來的水紅紅的很難看，同時根據醫生研究，這個東西吃多了會引起口腔發炎，嚴重的形成口腔癌，這是不好的。

除了這個以外，現在還有口香糖，一般學生邊走邊嚼的很多，這個也不行！習慣不好，尤其在公眾場所，很不雅觀。還有人喜歡吃東西，你在吃的時候，會引起周遭人的食欲，讓人家垂涎三尺，這都不好。一個懂禮的人，飲食有節制，有定時、定所，也有一定的地方。不但在馬路上，你就是在家裡吃東西的時候，都是大家一起吃，你單獨享用也不好，在公家機關或是在學校裡，同事在那裡，你單獨拿東西吃，很不恰當，所以這個都是要平時養成。

再者，在路上邊走邊唱歌，現在很實行，尤其唱流行歌，這個也不好，懂得禮的人，他自自然然就不會這樣。一般講旁若無人，他眼裡看不起別人，我行我素，這種人太放肆了，一個知禮，能替別人著想的人，他走在路上既不吸煙，也不唱歌，他自己知道節制，不肯在路上，或是公共場所做這些事。凡事要考慮別人的感受，一個人他不考慮，不會替別人著想，就是自大無禮。唱歌也是如此。不管自己歌唱得好不好，不考慮別人，這就是狂妄。我們講禮，這些都要守住。

五、乘車見長者必下，見幼者亦須與之頷首為禮。

我們乘車子見到長者，無論是叔叔、伯伯這一輩，或是老師，凡是比我們這一輩大的，都是長者，見到長者就要下車，表示對他的尊敬。見到幼者，幼者是他比我們年齡小，或是輩份小的，我見到他只要是認識的熟人，雖是不要下車，但還是要打個招呼，頷首，跟他點點頭作禮。在《曲禮》裡面曾經這麼講，「君子式黃髮，下卿位，入國不馳，入裏必式。」式黃髮，式就是古時候車子前面一個扶手的地方，一根橫的木頭，當乘車子的時候，有時必須站起來，這時候手可以扶著那根橫木。所謂式就是乘車時必需站起來，手扶著車前面的橫木，然後鞠躬作禮，這叫做式。黃髮代表年紀老的人，陶淵明《桃花源記》裡面講「黃髮垂髫並怡然自得。」一般年輕人黑頭髮，到了年紀老的時候，頭髮變黃了。見了黃發的老年人，一定要在車上起立作禮，鞠躬作禮。

下卿位是遇到大夫的位子在那裡，不能只有式，還要下車。而入國不馳是指到了國內，雖然不要式，也不要下車，可是車子不能跑得很快，恐怕把人壓到了。入裏必式，你到鄉里一定要式，跟式黃髮一樣。論語講，「十室之邑，必有忠信。」這鄉里的人，一定有道德學問之人在當中，所以車子經過時，就要表示禮貌，不然就太倨傲了，看不起人了。

這裡所講的君子，指的不是普通人，而是國君，國君出來的時候，見到老年人，都要站起來鞠躬！在車上式黃髮。而下卿位是指他從朝廷裡邊，乘車上朝時，經過朝中卿大夫的位子，必定要下車，才過那個位子，退朝的時候，也必須如此，經過那位子後再上車。所以我們曉得，式黃髮是敬老，下卿位是尊賢，尊敬賢能的人。所以我們乘車子見到長者，我們不是國君，更應當要下車，光是在車上表示禮還不夠。不過現在也有例外的，如果乘的是公共汽車，那你就不能下車了。

還有如果是自己開車，前後都有車子在馬路上魚貫前進，容不得你把車子開到旁邊來，下車向長者作禮，這個也沒辦法，在能下車的情況，必須要下車，比如說騎腳踏車的人，那就方便了，在路邊看見長者，我們就要下車。可以辦得到，一定要這樣子作，這就是禮敬長者，培養敬老尊賢的德，同時在社會上也提倡這麼做，風俗就淳厚了，我們一個人帶頭作，別人觀摩了也照作，社會風氣就好起來。

六、夜必歸家，因事不能歸時，必先告家人。

我們到外面辦事情，出去的時候，要讓家裡的人知道，預計什麼時候可以把事情辦好回來。到了夜間一定要回家，否則家裡人會擔心哪！如果有時候參加會議，開會的時間延長了很久，或因為交通問題，或是事情沒辦好，事先能預料到夜間趕回不來，這個時候一定先打電話回家，先告知家人，讓家裡的人放心。尤其是作子女的，外出時父母總是一直望著，哪怕是比預計的時間超出一點，家裡面就著急了，因為不知道你在外面發生什麼事情，所以古人講，「慈母望子，倚門依閭！」靠著自己大門口看望，然後不但是自家的大門，甚至還走到閭，也就是巷子的口，在那裡一直望著，可見父母擔心到什麼程度！瞭解這種情形，一定要謹守時間，到時間一定要回家，就是不能回家，臨時也一定要打個電話。

七、車馬繁雜街區，不招呼敬禮。

市區裡面車輛很多，在這種地方不必招呼，也不必敬禮，就是遇見長者也不用，要知道事情是講原則，它有變通的地方，你在這些車輛繁雜的地方，就是遇見長者你不招呼，長者也不會見怪，反而你一招呼的時候，會引起更多的麻煩，別人也不知道你是在招呼誰，會擾亂人家的視聽，所以這個時候不必敬禮，也不必招呼，這是有關交通秩序的問題。

八、不立于路上久談。

我們在路上遇見了熟人，你站下來三言兩語表示禮貌就分手了，向這樣的情況是有的。可是一旦遇見老朋友，好久不見了，一見面談得比較久，可是路上來往那麼多人，那麼多車子，你在那裡就阻礙人家的交通，所以在路上不要站在那裡久談。

有些人的毛病是，喜歡談得沒完沒了，這非常使對方受不了，因為社會上一切都講究時間，講究秩序，我們認為都是好朋友，一見面就抓住人一直講，說不定他有很重要的事情，或者跟人家有了預約了，你跟他喋喋不休，對方又不好意思馬上拒絕你，等你這段話說完了，他也把時間耽誤過了，所以既妨礙交通，又耽誤對方時間，所以在路上不能久談，這是一個原則。同樣的道理，老師在過去曾經講過，就是我們到人家家裡拜訪，當辭行出了門口，也不必站在那裡再多談了，根據這個原則，多方面都要注意。

九、不走馬路中間，越路須先向左右看清，不可與汽車爭路。

在交通規則中這些一定要遵守，走路時騎樓下是最安全的，慢車道上最好不要走，摩托車橫衝直撞的非常危險，更不可以走馬路中間，走在快車道上。另外什麼情況下才能穿越馬路？有斑馬線的地方，遵守紅、綠燈的指揮，大家虽然都知道，但仍有很多人不能遵守。還有一種情形，在沒有紅綠燈管制的時候，只有斑馬線，通過馬路時要特別小心，不要認為在斑馬線上，可以放心大膽地慢慢走，在國內汽車駕駛素質不像國外，外國的汽車一定是讓人的，你在斑馬線上行，車輛也停下來讓你。但我們現在還沒有這樣的習慣，汽車駕駛老遠就在按喇叭，你得趕快通過。有的甚至不按喇叭，一呼嘯就過去，所以要先看清左右，尤其不能跟汽車爭路，與汽車爭路，這是最容易發生危險。

十、行走時，步履宜穩重，並宜張胸閉口，目向前視。

走路時步伐要穩重，大家平常沒留心，看相的人把這個看得清楚，例如看流轉相法，麻衣相法，我小時候看流轉相，麻衣相，相書裡面寫得清清楚楚，一個人他說話，眼睛怎麼看人，靜態的時候，看人的五官、四肢、手掌等，動態的看一舉一動，眼睛怎麼看，言語怎麼說，頭怎麼動，相書裡都有，一舉手一投足，步伐怎麼邁出去，都看得出來。這個人貴、賤、氣質，看他的走路就看得出來。不但相書上看相如此，作領袖的人也要會看，清朝曾國藩用人，選一個年輕人，準備把他培養出來成為一個將材，要先看一看他是否可以有成就大器，他著了一篇《冰鑒》，字也不多，裡面說的都是經驗之談，蔣介石特別介紹那本《冰鑒》，還作了注解。

在軍隊裡邊上校升少將，要看他的步伐，有不對的就不行了，一般講貴人走路就是很穩重，一步一步穩重的很，人走路就代表他辦事、做人的精神，走路腳前後都要落地，有輕浮的人，用腳尖走路，後跟提起來，這個人做事是不會可靠的，也不會踏實。佛經裡邊講，一切法從心想生，我們有什麼樣的心裡，表現出來的動作，就是心生法。然而動作也影響心裡，我們走路、言語一切一切都要注意穩重，這也是在訓練心裡。

走路時張胸閉口，張胸是抬頭挺胸，不要低著頭、駝著背。修道人不必裝得挺得很高。但要自然地心胸張開來，不要閉塞起來，很自然的平直張開。此外走路的時候要閉口，口不要張開，因為走路已經用力氣了，口再張開你氣體出得多，會傷氣的，這就不合衛生。照道理講，走路就不能夠講話，也不能吃東西，一邊走路一邊吃東西，一邊講話，是不合乎衛生的。古代行軍的時候，尤其在晚間，嘴裡面要放東西，就是銜枚疾走，不講話，口裡不吐氣，不會損元氣，腿力可以持久而不會疲乏，走得又快又好。

「目向前視」，眼睛要看著前方，不要低著頭，很容易發生危險，要看清楚前面路上有沒有障礙物，地下有什麼小動物，都要看清楚！所以要向前視，眼睛就代表心，你眼向前視，心裡也跟著往前，注意力也在前方，行動也自自然然跟著心意走，含有這些道理在當中，所以要細細研究。

十一、遇婦女老翁，應儘先讓路讓座。

出門除了自己注意安全，注意禮貌，還要同情別人，尤其現在市區裡面交通非常擁擠，對老年人、小孩子，還有婦女要多關照，婦女身體究竟比男子要弱一點，儘量在路上要讓讓步，不能爭，坐在車子上就應該讓座，老年人當然必須要讓，婦女帶著小孩子，穿高跟鞋，或者提著東西的，都比較不方便，應該要讓座。

十二、途次有人問路，須詳為指示，問路於人，須隨即稱謝。

到一個生疏區，總是難免要問路，如果人家問你，當然要盡你瞭解的，很詳細的告訴人家，有時候在我們認為很簡單的路，對於陌生的出外人可能就不大容易了，有一次我找一條路問了好幾次，附近人都還不知道，很多小路也不大容易找，要體恤別人外出，儘可能清清楚楚地告訴人家，老師不是常常講，他初到臺灣來，問人路的時候，人都很熱心，還會跑很遠帶他到那一條街。現在是很難遇到這種情形。但是最低限度我們要給人家講清楚。

另一方面我們問人家路，問路於人，人家告訴我們，我們隨後就要向人家道謝，這是應該有的禮貌。在問的時候也要注重禮貌，人家是個女子，上了年紀的，你稱呼他一聲太太，或稱一聲女士都可以的。現在一律稱小姐，這是從外國學的。那麼男子稱呼一聲先生，不能出口就問人家，一個稱呼都沒有。不管是人家問我，還是我們問人家，我們希望人家告訴我們比較清楚一點的，那麼人家問我也是一樣，假如我們自己不懂，不能隨便告訴人家，讓人家路走錯了，這個罪過，不是很大的罪過，最低限度，耽誤人家的時間啊！

我初到台中市來，我找一個地方，建中街，建中街是靠近教師會館附近，那我在精武路那邊去問，有個人他是很熱心，他說建中街在哪個地方我知道，就一指，指到什麼地方？指到北屯路方向，好像接近相似地址那裡；還畫著圖，從哪裡轉。一轉不是，半天的時間過去了。所以這個自己要知道清楚才能跟人講。假如自己不清楚，也要向人家道歉，自己不知道，請他再問別人，這就可以了；不能說是不清楚，讓人家多跑冤枉路，那不好。

禮包含的事情很多，出門事事都要小心，沒有家庭的，有親戚朋友在這個社會裡面，對你都很關心；有家庭的，出門時家裡的人，全都替你掛念，在外面不能遇到任何危險，所以什麼事情都要小心，不能粗心大意。

十三、一人不入古廟，兩人不看深井。

「古廟」，在深山裡面那些破舊的寺廟，裡邊可能藏有歹徒，你不是他們一夥，也不是他們敵對的人，那一派黑道人物藏在那裡邊，機關在那裡就怕被人看破，你到那裡面去的，最低限度他要不害你，也把你抓起來，深怕你看破後，到外面宣傳，造成他不能自保；再壞的就殺人滅口。

「兩人不看深井」，現在井沒有了，古時候一個村莊有好幾口井，井很深，上面有一個欄竿，叫井榦，井榦大概有半人高，有的人很好奇，從外面往裡邊看，看井下有多深，但兩個人時你就不能看，這也是安全問題，一個人看可以，三個人也可以，就是兩個人不能看，為什麼呢？人與人之間的利害，或是私人之間的恩怨，自己不知道嚴重性往往是有的，假如對方有惡意，或是這個人希望得了他的財產，在你看得出神的時候，他一把把你推到井裡去，神不知鬼不覺，法醫也驗不出來。

同樣的，兩個人到懸崖上往下看也要避免，中年以上的人，利害關係就是複雜，總要注意一下，古時候平劇有演，夫妻為了有什麼隔閡，在坐船的時候，乘他不備，就一手把他推到水裡去，這一情形都有的，同樣的這一個原則，現在坐電梯，或是機關裡邊，你身上有財物，或者你是單身女子，一個人最好不要同另外一個生人，一起去陌生之處，會發生很多麻煩。即使你是一個男子，別人跟你一起進電梯，也可能是進來搶奪的。尤其現在這種情形太多了，隨時都要注意，要是真的遇到搶奪的人怎麼辦呢？在外國暴徒往往要你先舉起手來，遇到這種情形，你最好手立刻舉起來，有的人以為把錢拿給他就好了，手伸入口袋拿錢，對方誤會你要掏什麼來對付他，就先發制人，一槍就把你打死，你看多冤枉，所以「一人不入古廟，兩人不看深井」，這是一個原則。

十四、逢橋先下馬，過渡莫爭船。

古時候騎馬，經過鄉村裡的木造橋，一般這種橋都是不很寬，想從這座橋過去最好先下馬，否則很危險，為什麼呢？因為你騎的這個馬，未必是良馬，良馬那過橋沒問題，《周禮》上講良馬有八種德性，其中之一就是過橋，或是過險路，牠自己知道小心，不會傷害主人的，這種馬很少！普通的馬不小心，一個腳沒有踩穩，就會翻到橋下去，古時候過橋，或是過山上的險道，往往很多翻下來，如果能下來牽著馬，就能順利通過，等過橋以後再騎馬。

那麼「過渡莫爭船」呢？這個渡船與現在乘的船不相同，所謂過渡是從江河上橫過去，專門把人從這一岸運到那一岸，坐這種擺渡的水船，不能爭著上下船，因為很容易會重心不穩，搖搖晃晃的，要是有秩序，很穩重的上船，就不會發生翻船的事故，還有要注意船載重量是否超過了？否則也會發生意外。

現在雖然橋都很寬，也沒有人騎馬了，但是騎車與開車也是一樣的意思，也要注意安全。如果橋不是很寬，或者正在拓寬的時候，它也可以通行，只不過這時候要特別小心。還有走到巷子裡，路面寬度不大，在加上轉彎的地方，都要特別注意。船有時候還是用得到，也一樣不能疏忽。

十五、在舟車上或飛機上，不探手或伸手出窗，並不得隨便涕痰。

車子、船隻都有窗子，老式的飛機窗戶也可以打開，但是飛機一飛，窗就關閉了，現在新式的飛機，窗戶則是密閉的狀態，不會有問題。我們在這些交通工具上面，不能把手伸到窗戶外面，因為非常危險，手很容易被障礙物打中。

還有不能隨便涕痰，吐痰不但不雅觀，也很不衛生，受過生活舉止教育的，在公共場合就不會隨地吐痰，平時自己要隨身帶衛生紙或手帕，有痰時包起來放在口袋裡，平常痰可以不咳，有時候遇到感冒，不能隨地把它丟掉，這是一般公共衛生的常識，守這個禮到外面去，不會讓人家厭惡，隨便吐痰叫人家看見了，心裡很厭惡的，「涕」是從鼻孔裡面出來的，吐涕也很令人厭惡，同樣道理，公共場合最好不要抽煙，有很多不抽煙的人，聞到煙味也是受不了。

總而言之，讓人不舒服的事，在旅途上儘量少做，出門這十五條，能夠注意到，那麼出門的時候，保證是逢凶化吉，如果好管閒事，沒有禮貌，就很難講了，這個都是要注意的。

（巳）訪人

一個人免不了有訪問人家的時候，訪人一定有其目的，沒有事情何必要訪問人家呢？這當中也有很多應該注意的事，瞭解之後照上面做，如不照做也沒有用處，果然照做的時候，主人會很愉快，自己目的達到了，事情也辦好了。彼此皆大歡喜，兩相方便；反過來說，如果不遵守訪人之禮，不但把人家耽誤了，自己的事情也妨礙了，留給人家不好的印象。

一、先立外輕輕叩門，主人讓入方入。

到人家的家裡去訪問，不能說不管有沒有人，我們就推門而去，這個不行的，人家的房門鎖著，我們固然推不開，就是門沒有鎖，我們也不能推，要輕輕的扣門。而現在一般家庭有門鈴，只要按一下鈴子，裡面人就聽到了，就會來應門。我們按門鈴也要注意，注意輕輕的按一下，主人不會聽不到的，有些人深怕裡面的人聽不到，按的很用力，而且還不放手，裡邊人真是就像發警報一樣的，給人第一印象就不好，說不定主人心臟不好，或者有小孩正在睡覺，給你這麼一來的話，把人家小孩吵醒了，讓人家不大愉快，所以要輕敲門、扣門。

就是主人在家裡，你不敲門就推門沖進屋子，主人會認為你沒有禮貌，常有的禮貌你不懂。人家要歡迎你、接見你，都會措手不及。一般人平常在家裡都穿便服，夏天有些人甚至不習慣穿長衣服，都穿短衣服，你扣門或按門鈴，他在門裡邊知道外面有人來了，他可以有個預備的時間，把能夠見客人的衣服換上。

這時主人必須先答應，請客人在門口稍待一下，他把衣服換好，有個預備，彼此不失禮。反過來說，一推門就進去，是男主人就罷了，要是女主人衣著不整齊，那彼此怎麼辦呢？這都是不相宜的事情。再有，有些人臨時到隔壁鄰居家去了，門也沒鎖，這個時候正好你來了，你推門一進去，他家正好沒人，你就走進去了，就是要好的朋友，等主人回來發現了，你怎麼交待？萬一他家將來丟了什麼東西，你的嫌疑就避免不了。所以這種種問題都要注意，這是到人家住家的房子裡面去。

現在公家辦公的機關、辦公室，也不能隨便進去，如果有機密的公文放在那裡，都不能到裡面去看，就是門敞開著也不能進去，如果你進去了，將來機密洩露，我們就脫離不了幹係，就是這個原則。一般家裡面先扣門，主人要是在裡面，答應了之後才能進去，進去以後還有其他應該注意的事情，到人家家裡去不能左顧右看，現在一般人不注意，總覺得看看有什麼不好，《禮記·曲禮》講得很清楚，就不能隨便看，懂禮的人看客人一進門，左顧右看，他就知道你這個人沒有受教育，把你看輕了。

二、入內有他客，主人為介紹，須一一為禮，辭出時亦如之。

這個是按照次序來的，經過扣門主人請進以後，有時候主人不見得單獨在家裡，他裡邊可能還有別的客人，知禮的主人當然要一一把先來的客人，介紹給後來的客人。後來的客人要一一向他們作禮，須一一為禮，這裡沒講作什麼樣的禮，就按照現在通行的禮，通行握手禮是就握手，鞠躬禮就是鞠躬，按情況來決定。如我們信佛普通就是合掌，假如先來的客人不學佛，就不必用合掌的禮，用普通禮，或握手，這禮從俗。

過去講敬禮的時候，也曾經提示過，學佛的人對佛行跪拜禮，與拜祖宗一不一樣呢？老師說不一樣，我們對祖宗就是跟在世時一樣，我們拜祖宗按照平常行的跪拜禮，一般世俗的禮節來行；拜佛的時候就按照佛家的禮，不是執著一成不變的，所以一一為禮也是這樣的。「辭出時亦如之」，事情講完了，我們不必待很久的時間，應該要辭出去，而出去之前，必須要跟原來屋子裡邊的客人一一行禮。

三、入內見有他客，不可久坐，有事，須請主人另至他所述說。

除第二條是講見到其他客人的禮貌，第三條也是，既然見有別的客人在那裡，也許他們正在商議事情，而我們去的時候就不能干擾人家。我們看到主人跟別的客人談話正投機的時候，我們就不能再久坐。如果我們來的是辦事情，跟主人要商討事情，有的不能讓別的客人知道，這個時候就可以請主人先到另一個地方，我們把所要講的事情，要商討的話，說完了以後，就可以告辭了。那樣主人也感覺很方便，其他客人也不感覺為難，這就是禮貌，處處與人方便。

四、坐談時見有他客來，即辭出。

凡事都有兩面，第三條講你是後來的客人，見到別的客人原來在那裡，應該守這個禮。可是另外一方面，假如我們是先到的客人，我們跟主人在談話，事情也已經談完了，這個時候見到有別的客人來，我們就要替人家想，他來當然有事情，尤其現在大家時間都很忙，他辦事不見得就願意讓我們知道，所以這個時候，見到別人來，我們就趕快辭出，向主人告辭。

有些人對這兩條都不太注意，後面來的客人見到前面的客人，也是坐下來大家一起談起來了，談得摸不著邊際，事情也沒辦，其他客人的時間也耽誤了，我們自己的事也沒做得了，主人當然也有自己的事，我們在那裡談半天，主人不好意思下逐客令，偏偏我們又不識相，那主人對這個客人，下次就不敢領教了。我們到人家家裡作客、辦事情，不要讓主人感覺這些麻煩。

五、坐立必正，不傾聽，不講笑。

到人家家裡作客，無論是坐姿、站姿，都要注意。在大陸上，老年人教訓小孩你坐有坐相，站有站相，坐、站都要端端正正的，《禮記．曲禮》講「立必正方」。比如說你去拜訪一個人，或是見到尊長，對他講話時，總是把正面對著他。你不能一邊對他講話，一邊臉朝其他方向，這是失禮。

「不傾聽」，傾是耳朵對著他聽，主人跟他講話時，你用耳朵對著人家聽，一方面表示我們的耳朵聽覺不好，再一層表示你嫌棄他聲音太小，讓人心裡產生抱歉之感，一個人儀態總要注意，聽話時用耳朵對著人家，就是失態，所以佛家講儀規，戒律是戒律，戒律之外還有行、住、坐、臥，這些在一般的儀表上也要講，所謂「禮儀三百，威儀三千」，都是要注意的，一個人要是不莊重，在言語行動上都可看出來，言語行動一輕浮，就影響一個人的做事能力，為什麼呢？一個人心裡和外表，都是誠於中形於外，凡讀過中國書籍，這些情形一般都瞭解，五經四書念的懂一些道理，就看得出來，這個人將來前途如何，替你辦事是不是很確實，是不是敷衍，都看得出來。

「不嘩笑」，嘩是譁然，很高興的大笑。老師常常講，現在社會上推行人與人見面要微笑，見著人表示微笑，既然一般人都這麼推行，我們也不必說這是不對！但是最低限度，見著自己尊長，或是最敬佩的有道德學問之人，都不應該一見面就笑開了。見面這個禮，晚輩見長輩應該是正色嚴肅，笑就表示自己跟長輩是平等的，不但把他看成平等，而且還像古人所講的狎昵，好像彼此很常開玩笑，所以見到尊長不能隨便笑，當然也不能繃著臉，好像生氣的樣子，要和顏悅色，嚴肅當中有尊敬，這個講起來很難，自己慢慢體會，總有一番誠意表現出來，對長輩如此，對一般親友，最好也能夠如此。

雖然見面可以笑，但是古人也講，不是哄堂大笑，譁然大笑，古人講笑，笑不啟齒，不露齒，牙齒不能露出來，這個就是有一個分寸，不失儀表。嘩笑表示這個人很狂妄、放肆，尤其三、五人以上時，高聲笑起來，就表示旁坐無人，很容易得罪人，瞭解禮貌的人一看，印象就不大好了。

六、不攜一切動物上堂。

去作客不要帶小動物，一般人學外國人養狗，自己覺得很心愛，到哪裡就帶到哪裡，這不大合適。人家家裡的東西，有一定擺放的秩序，狗帶到別人屋子裡去，亂闖亂闖的，說不定碰到花瓶、茶杯，給人一碰打碎了，都是很尷尬的；還有動物的腳很髒，人家家裡地板擦得很乾淨，你把人家地板都弄髒了，這也不合適。假如再解小大便，那怎麼辦呢？這都是要預防的。

所以出門不要帶動物，萬一要帶也要栓在屋子門口，古時候送人家東西，譬如送一隻雞、送牛、馬的，不能送到堂上，所謂大雅之堂。普通人講「不能登大雅之堂」，雞犬這些東西，不能上大雅之堂，你送人家是在上堂之前，跟主人先講好，放在堂下，另外一個地方，不能帶到堂上。比如送馬，可以帶個馬鞭子，以此代表馬呈送給人家，這在過去是講得很清楚的。

七、主人室內之信件文書，概不取看。

我們去作客，在主人房子裡面，所謂室內，在古代室與堂不同，堂比如現在的客廳，規模比較大，除客廳之外，通常有一個書房，還有臥室，不是很親密的朋友，主人不會領他參觀臥室，一般泛泛之交，你到人家裡商量事情，都是在客廳裡面，有時在書房裡，我們是讀書人，客廳裡邊也放有書籍，這些東西千萬不要自己去動，尤其是信件，不要自己翻開來看，不論古今中外都講究這個，人人都有他私人的事情，大多不願意讓別人知道，所以私人的信件，文書不能看。就是到人家商店裡面拜訪主人，你不是去買東西，這時候店裡的商品也是不能自動拿來看，這些原則是一致的。

八、談話應答必顧望。

跟主人談話，或是其他一般人交談，不管在任何地點，談話的時候總是要看著對方的眼睛，《曲禮》上講，我們的眼睛要平視，看對方的眼，你看高處表示驕傲，看不起他。古人講「白眼看青天」，眼睛長在頭上就是驕傲，這是不可以的，如果往下看也不合適，上次老師講，我們低頭看不合乎道理，應該是稍微往上看一點，表示有一種仰慕的態度，仰而親之、仰而親之，稍為往上一點，對於長輩，好像「高山仰止」，不能低下頭來聽，好像滿腹憂愁，有心事。

往側面看也不行，表示心不在焉，心不在焉的跟人家談話，也是失禮，我們不但跟人家對答的時候，要顧望人家，要用心傾聽，就是跟人家握手的時候，也要看著對方，很多人在大眾場合，客人來握手，一邊握手，一邊望到其他地方去，那也不大合適，所以談話應答的時候，一定要顧望，顧望就是代表心、眼、手一致。

九、將上堂，聲必揚。

這是《曲禮》的兩句話，進人家房子之前，當然是先在外面叫門，主人答應了我們才能進去。古時候建築跟現在不同，進了大門還有庭院，然後是堂屋，現在的房屋都比較簡單，一進大門就是堂，進門的時候，聲必揚，揚就是說出話來，進門的時候，聲音稍微用力一點，好讓屋子裡邊的人能夠聽到，讓他有一個心理準備，譬如說原來各種東西擺著，沒有什麼秩序，或是訪客剛剛離開，剛喝過的茶水還沒有撤掉，桌子也還沒抹乾淨。這個時候讓主人有時間，可以稍微處理一下，有時候也可以整理一下衣服，不要讓人措手不及。《曲禮》說「將上堂，聲必揚」，注解提到「足以戒人世」。戒就是警告大家，叫人家知道，提醒人家有客人來了，讓家人作一個適當的預備。

十、戶開亦開，戶闔亦闔；有後入者，闔而勿遂。

作客時主人叫請我們進去，大門不管原來是開著還是關著的，都要保持原來的樣子。譬如說門原本是關著的，我們進去前固然必須先扣門，就是門開著的，我們也不能直接進去，也要扣門。假如門原來是關著的，主人是為我開了，那麼我進門之時，就要順手把門照原來的樣子關起來；如果門原來是開著的，就不必把它關起來，還是讓它開著。

假如跟我同來的不止一個人，還有兩個客人魚貫而入，第一個、第二個進去了，輪到我是最後一個，也要按照門開亦開，門闔亦闔的原則。原來的第一、第二個進去的，不能關門，他一關的時候，後面的人就進不去了！雖說不要關門，但必須要有一個表示，在第一、第二個進去的時候，都要做「闔而勿遂」的表示。闔，就是把門稍微動一動，做一個關門的姿勢，然後才走進門，到了最後一個人，他就知道這個門是要關的，因為走在前面的人，已經做了一個關門的表示，我們在最後的人，要順手把門關起來，所以「闔而勿遂」就是指在前頭的那幾個客人，要作一個關門的姿勢，不要把門全部關起來。

這點說起來簡單，可是不提醒，還是有很多人沒注意到，往往小地方不注意，就讓客人覺得不大方便，尤其是不同的季節，有的主人習慣把門窗打開，有的主人則習慣把門窗關起來，各人不一樣。而照理上來說，應該是客從主意！作客人的一進門，就把主人的家，當作是自己的家裡一樣，照我的意思辦，那就失了客人的禮貌。主人要涼快，而我們把門關起來，讓主人不舒服，這就不行。

如果是主人無論在什麼天氣，就是習慣把門窗關起來，或者是他的習慣，或者是他身體上需要，尤其現在腦中風很多，他的身體虧虛，要是能細細的注意調養，不致於一下就發作了，最重要的就是要避免風吹，一般門窗大開反而關係不大，反倒是門留了一點點空隙，這小小的風是最糟糕的。還有窗戶也是一樣，主人原本將窗戶全部關起來，而我們一進去，不好意思全部打開，於是只開了一點點縫隙，結果這一點點縫隙比全部打開的力量還大，風從縫隙灌進來，跟水流的道理是一樣的，我們看長江三峽的水為什麼那樣厲害呢？它就是兩岸合在那裡擋住，當水經過那裡遇了阻礙，發揮出的衝力也最大。

一般風吹進室內，當窗戶開的越大，它的衝擊力就越緩，當縫隙很小的時候，全部的風力集中在那裡，一次沖進來，這個力量最厲害，年輕人被那種風一吹也容易感冒，何況是老年人，他原來身體虧虛，或者有高血壓的話，一下就中風，這是最厲害，所以我們作客，拜訪人家，到主人家裡去，這些事情都要考慮到，也許人家身體不好，懂得這個道理，他把門窗關起來，我們去不但把門打開了，也把窗戶打開了一點，小而言之，人家說我們不懂禮；嚴重來說，可能會讓人家發生不幸，究竟這責任誰負呢？這道德責任我們負擔不了！所以古人講禮，固然是禮貌是儀表，還是要講這些層面。

十一、主人欠伸，或看鐘錶，即須辭出。

到人家裡去訪問，跟主人談話，把事情談完了，當然就走，還有要注意主人在欠伸，欠，就是在打呵欠，伸，是發出「哎」這個聲音。人打呵欠就表示氣力不夠，昏昏欲睡了，有打嗑睡的情形，表示他的精神不夠了，他才打呵欠！一般人要想睡才打呵欠，坐在那裡很疲倦了，身體很難支持了，這是自然反應，身體自己來調劑，此時作客人的，當看見主人有這種表現時，就知道要告辭了。

有時候當主人一直望望鐘，或看看手上戴的錶，這個時候我們要知道，主人心裡另外有事，或跟別人有預定，在什麼時候需要見面，談另外一個事情，總而言之，必然是主人有一些時間受到限制，時間到了他才看鐘，看錶。古時候沒有鐘錶，這《禮記》裡有這麼一句話，「視日朝莫」。古代房子有空隙，或者有牆縫、有院落，古人看太陽光的影子計時，依著早上、中午、下午太陽光影照的角落，知道什麼時候吃三餐。一定在固定的時間，做固定的事情。跟看鐘錶差不多。

「蚤」，指的是早晨，「莫」是暮，就是黃昏，這是古字，看那個太陽是蚤是莫，你作客人的，看見主人眼光落在那裡，就等於是看鐘錶一樣，就要注意時間了。還有主人是年紀比較長的老人，他手裡拄著拐杖，當他不時提一提拐杖的時候，也表示現在時間差不多了。還有，古人還一個禮，比如說客人一進門，主人最起碼的禮貌是倒一杯茶，這杯茶除了知己的朋友，一邊喝茶，一邊談天之外，一般普通的、新見面的朋友，或是純粹辦事情，沒有什麼深交，當主人倒杯茶的時候，並不是馬上喝，而是先放在那裡，等事情談到差不多了，主人講請用茶，這時就等於事情完了，可以走了，一聽到請用茶，客人當然可以預備喝茶，然後就稱謝，向主人道謝辭行。

不能說茶喝下去了，希望主人再跟我倒一杯。我再談一個時候，主人會認為這個客人不識相。現在當然很多人不懂這個禮，但是還有懂的人，假如主人懂得這個禮，而我們不能遵守，那就失禮了；當然熟人是例外的，不必這樣。這個一本小冊子裡邊，包容得很廣，我們照著做的時候，無論到哪裡，讓人家彼此都方便，多麼好呢！

十二、飯及眠時不訪客。

訪人的時候要替人著想，無論什麼時候，主人總有他自已需要做的事情，尤其在現代工商業社會，時間比什麼都寶貴。在差不多的時候，比方說一般人平常都有工作，吃飯或是睡覺的時間，大多數不能夠再見客人了，假如此時候還要會客，那真是太忙了，而我們講周公一飯三吐哺，那又另當別論，普通人在吃飯的時候，最好不要去打擾。還有睡眠時間，也不要去訪問人家。

我們拿現在來講，吃早餐後有的人要上班，路遠的早餐大概六點鐘左右就必須吃，不到五點鐘就要起來，吃飽飯再趕到辦公的地方。總而言之，在早晨上班之前，最好是不要訪問人家，早晨除了吃飯、洗臉，還有很多事要做，拿學佛的人來講，還要做早課，這早課不能不做！這時又占一段時間。中午多數是在十二點左右吃，一般叢林大概在十一點到十一點半左右，過午不食，這段時間也最好不要訪問人家。假如普通人他習慣十二點鐘吃飯，如有要緊的事，在十一點鐘還可以去訪問，但也不能談話談得太久，談太久是耽誤人家吃飯。晚餐大致是六點半到七點鐘，個人情況不一樣，既是訪問某人，對他三餐的時間要瞭解。

下面講睡眠的時間，現代睡覺的時間和過去不同，過去人吃了晚餐後，一、兩個小時就睡眠了。現在則不然，假如我們到圖書館聽經，大約六點半就要吃飯，聽經回來已經十點鐘了，還要洗洗澡什麼的，已經十一點，十一點自己還要看點書，差不多就是十一點半到十二點了，這個時候，當然不可能再去訪人了。按普通來講，大概超過十點鐘以後，如果不是很緊急的事情，十點鐘以後，最好不要訪人。原則上吃飯、睡覺的時候，不要去訪問人家，還有辦公的時間訪問也是不合適，這個要注意。

十三、晉謁長官尊長，應先鞠躬敬禮，然後就座；及退，亦然。

晚輩去見長輩，就叫「晉謁」。晉是往上，謁，是拜謁。指晉謁長官或是輩份長的尊長，長官是就機關公務來講的，尊長就不是機關的了，或是親戚、家屬、師生關係，或是社會上與父親同輩的

「父執」，還有一看年齡比我們要長得多的，這都是尊長。無論是長官、尊長，見面的時候要先鞠躬。見到長官的時候鞠躬敬禮，在後面一條會講到，我們不要先伸出手來跟人家握手，但見到晚輩則可以，長者遇到晚輩可以先伸手來跟晚輩握手。

做晚輩的要先跟人家鞠躬。長官或者是尊長讓我們就座，然後才就座。辭退的時候，也是這樣，要先鞠躬敬禮，然後再辭退。如何應對辭退，現代一般人不懂了，在學校裡也沒講，所以不但是小孩，連很多從外國留學回來的碩士博士，也不見得瞭解。他無論見到什麼人，都不知道進退的分寸，為什麼呢？他們只知道一般人講學者啦！學人的習氣，學者就是研究學問，我只懂得研究學問，其他的不必講了，過去是講「書生本色」讀書的人啊！就是為人處事，做人做個君子，那是書生本色，言行一致。這是表示禮。「禮」愈是讀書人愈是要懂得這個道理，因此，這條我們知道之後，就是很簡單，在日常和長輩或者晚輩見面的時候，都應該注意。

十四、與長官尊長，及婦女行握手禮時，應俟其先行伸手，然後敬謹與握。

在社交場合握手時，要先讓長官、尊長、婦女伸手，這個都是表示尊重。西洋的禮貌是尊重婦女的，但並不是說中國人就不尊重婦女，不是這樣講法，中國人對婦女表示的禮，在形式上不同。古時候男子沒有跟婦女行握手的禮，因為男女授受不親，甚至東西還不能以手親自遞的，可以先放在桌子上，然後再間接拿起來，哪裡還能握手！現在一般都西化了，就形式上來講，西洋人對這方面是注重那麼，的，譬如上車讓婦女先上，在一條窄路上，讓婦女先走。而即使是西洋式的，也有它的道理。例如我們冒然地伸出手來，婦女不跟我們握手，怎麼辦呢？自己不是很尷尬嗎？這事情要注意。「然後敬謹與握」所謂「敬謹與握」是指，無論長官、尊長、婦女，他先伸手出來，那當然我們就伸出手去跟他握手，在他伸出手來，我將要伸手去的時候，先要向對方鞠躬，鞠躬敬禮然後再握手，表示尊敬對方的意思，假如普通人，當然就是不必這樣。

十五、訪公教人員，必先問明其上班鐘點，不可以久坐閒談。

假如要訪問這個人，他是公務員或者教員，要先和他約好，問清楚上班的時間，有話見了面，簡單扼要的講完就可以了。訪問的時候，不能讓人家耽誤了公事，這是最主要的。公務員上班的時間，大約是早晨八點鐘，下午多半是一點半鐘，有的是兩點鐘，這段時段大約都不大合適久談。如果沒必要的事，就不必訪，有必要的事情才去訪。當老師的人也是一樣。

無論是公務員或教員，在中午都有休息的時間，這段時間非常緊湊，有的人中午有休息的習慣，或是休息、靜坐十分鐘。古代人中午是沒休息的，孔老夫子講：「宰予晝寢。」認為那是朽木不可雕也，現在當然觀念上改變了，很多人中午都休息，這又另當別論。一般人白天要上班，晚間有其他的活動，比如，我們學佛的人要聽經，晚間都是很遲才睡眠，有些人到深夜才能休息，一天的時間拉得很長，跟古時候完全不一樣了。

古時候是「日出而作，日入而息」，生活沒有這麼複雜，工作的時間沒有這麼長，所以他中午不休息可以。我們有事去訪問人家，不能夠坐得很久，閒談很久。除非問明對方沒有其他事了，那麼談談也未嘗不可。除此之外，談的事不在道中，只是人我是非，那談了有什麼用，那就不要多談。這一條是有正當的事要辦，去訪問人家時，不要妨礙人家上班、休息的時間，話說完了就應該離開。

十六、訪客不遇，或留片，或寫字登留言牌。

我們去拜訪主人，主人正好不在家，這個時候或者留下名片，或者如果他家裡有留言牌，在上面寫幾個字，我什麼時候來訪問，表示你來訪問過了，當主人回來時，就知道我們什麼時候曾經來的，有些什麼事情，有時候是禮貌上的訪問，或者有要事辦理，種種不同。寫在名片上面，讓主人瞭解一下，這是必須要的。

訪人一共有十六條，果然都能注意到這幾點，去拜訪人家時，就不致於給主人添什麼麻煩，自己也不失禮，可以說對彼此都好，可是我們仔細檢查檢查，一般人在這方面犯了很多，如果我們是學校的老師，在上課時要隨時注意的告訴學生，不要犯這些過失。如果對方不是學生，當然不能以教學的態度來告訴人家，否則人家就會反感。禮是自己約束自己，不是來要求別人，自己知道了就去做到，不要糾正人家，要糾正的話，只限於自己的子弟，自己的學生，這是需要的，別人我們不能講。

（午）會客

前面「訪人」是作客時應有的禮貌，這裡講的是作主人應有的禮貌。當有客人來訪問時，做主人的也要懂得一般的禮節，客人來了我們當然要到門外去接待、歡迎。這裡還要視情況不同而調整，若是同住在一個地方的，比方都住台中市，那麼你走到門口迎接就可以了；若是遠路來的客人，我們知道他什麼時候來，最好是在下車的車站歡迎。有的客人怕主人這樣遠路歡迎他，刻意不告訴抵達的時間，那當然就從便了，也不必勉強。如果知道時間的話，就要做到這一點。

這是講專程來拜訪的，還有順便來拜訪的，情況不一樣。專程來的固然應該如此，若是順便拜訪，情況又不一樣。常常你在家裡，原來不知道有客人要來訪，突然外面有人敲門了，就有人來訪問了，這也是常有的事，這個時候就要跑到門外去接他。

一、見先致敬，熟客道寒暄，生客請姓、字、住址。

「見先致敬」見到客人，先要向客人致敬，致敬的時候，如果是熟客，常見面的或者原來就認識的，不管是好朋友，或者是一般的泛泛之交，只要是認識的人，都叫熟客。熟客要「道寒暄」，所謂道寒暄，不是一見面就問：「你來幹什麼啊！」不能這樣講，看看這「寒」字，是寒暖的意思，普通人見面先問最近寒暖情形，講「寒暖」是不在正題上。中國人見面向來問天氣如何？吃了沒有，這就是寒暄。還有請問您老人家現在可好，問一下他的健康狀況，這都是寒暄。道了寒暄後，才引起訪客來訪的來意。

既是熟客，請他進門寒暄幾句，前面說過客人應守的禮節，懂禮的客人來訪的時間不會很久，談話也不是漫談，他會簡單扼要地把來訪的意思說明。而生客道寒暄呢？從來不認識的人來訪，首先要請問他，「姓、字、住址」。因為這是生客，原來不認識，要請教他「尊姓」，一般人講「尊姓大名」這不對，「尊姓」可以，但不可以講「大名」，要說「字」，字是字，名是名。為什麼不能請教他的名呢？因為長輩才能叫晚輩的名，平輩不能叫名。前輩叫他的「號」，叫他「字」，所以是請教他的「尊姓大號」或是「貴字」。

還有請問住址，我們不能直接說：「你住那裡？」跟問案子一樣，當然不可以的，要善巧方便地問：「您從什麼地方來的？」他當然會告訴你。先問清楚生客姓、字、住址，客人知道禮，你請他號，他會把名字告訴你，不會把號告訴你，因為來往社交上，彼此見面都是講名字，公文書、身份證上都是記載著名字，不是記載號。這是見面的禮，現在還有一種情形，你在家裡可能會有推銷物品的，你一看也知道，他不必你主人經過許多過程來問，推銷員自己就主動就告訴你了，這也沒關係，一看就知道。這所謂「生客」，他不是來推銷物品，純粹是來拜訪的，當然要這樣問，這是必須的，問了之後，無論熟客、生客就迎他入門。

二、及門先趨，為客啟闔。

可見是跑到門外來見客，那麼到了門，自己先快走到前面，走在前面幹什麼呢？準備給客人開門，進去之後，給客人關門，這是你給客人的服務，盡主人的禮貌。

三、每門先讓客先行。

現在的建築跟過去不同，過去的房屋，還有好幾道門，按照《禮記》漢儒的注解，說是天子有五重門，諸侯有三重門，大夫有二重門。到了清朝有些儒者考據說，不論是天子諸侯大夫，都是有三重門，其區別在於門有大小、有寬窄，這個不同，比方天子之門很寬大，諸侯門比較次一點，大夫的門又次一點，其實都是三重門。諸侯大夫都是有位的人，一般人沒有位，一般讀書人與其他普通人家也有三重門。所謂「每門必讓客先行」，到大門時就是「及門先趨」，必先趨為他開門，開門後讓客先行，客進了門以後，若門原來是關著的，再把它關起來；然後再陪客人往裡走，走到第二個門時，又讓客先進門，客人也讓主人，大致都是主人先走，為什麼呢？因為做主人的應該在前面作引導，引導客人進去，雖是走在前面引導，但每經過一道門的時候，在禮節上要先讓客人進門，這就是：「每門必讓客先行」，要請客先進門，這是做主人的道理。

四、入門必為客安座。

進門以後要給客人預備好座位，請他坐在客人的位子，客人的位子是什麼呢？一般家庭裡面，有主位，有客位，客位依餐式的不同而有別，西餐是主人坐在上位，中餐是客人坐在上位、主人坐在下位。一般不是宴會，有客人來訪的時候，主人也應該讓客人坐在上位。上位位子怎麼定呢？比如說拿這房子來看，進門的時候，位子愈接近外邊這個門的，位子比較低，愈接近裡邊的位置比較上。主人請客坐在上位，不是只有長輩、平輩如此，就是晚輩也應如此，你是他機關裡的長官，或是尊長，他是你的部下或晚輩，他在機關裡面要聽你的指揮，可是他到你家裡來，他是你的客人，那麼就要讓他坐在上位，這個我們老師在講書的時候，講過多少次的。

前清時做府台大人的，縣官到巡府辦公室去見他的時候，當然行跪拜禮，但到巡府家裡，私底下去見他的話，巡府還要出門迎接，到他家裡面的時候，他還叫你坐上位，出來的時候，還要把你送到門外，因為你是他的客人。一定要為客安坐，在《曲禮》裡面講了很多。

此處第四條跟第三條有連帶關係的，第三條說：「每門必讓客先行」。在《曲禮》說：你引導客人，從大門往裡邊走，一道一道的門走，那麼就拿三道門來講，走了第一道門當然要讓，第二道門又要讓，讓到第三道門叫「寢門」，正寢之門，就是說過了這門，那就登堂入室。所以這個「寢」不是睡眠的地方，而是在堂屋的後面，前面有前庭，前庭之後有堂屋，堂屋之後才有寢室。寢有門，就是第三道門，到了寢門的時候，主人請客人稍微在門外停留一下，自己到裡面去把座位安好，然後再出來請客人。

不過這句話古時候注解就有好幾種說法，有一種講法是說，主人到寢門之前，主人先去安座，安座好了，然後出來請客人進去，這個手續比較麻煩。清儒考據了以後認為，這一句應該一直念下來：「主人請入為席。」主人請客人等一下，自己到寢室裡面，為他安席，「然後出殷客」，「出殷客」不是表示有實在的行動，而是說話的語氣。這一句話並不是說請客人等了以後，自己實實在在的進去，真正把位子鋪好了，自己再出來，不是指行動，而是指言語，因為客人來事先是知道，座位事先都安置好了，所以到了寢門不要請等，預備位子表示慎重的意思，表示對客人的禮貌，再進去檢查一下，只是口頭上說說而已。

這時懂得禮的客人就會說：「不必，不必了」。下麵講：「客固辭」，一再地說「不必了，不必了，這進去就行了」。所以《曲禮》中間曲曲折折的，無非是表示這個禮。講到人情，當中分析起來，雖不是這麼簡單的，但也不是那麼的麻煩。第四條講客人入了門，現在一般建築不見得有三重門，甚至只有一門，一進門就到客廳了，進到裡面，你就為客人安排好很尊、很高的位子，坐得很舒適，這一條講的就是這個意思。

五、室內有他客，應與介紹，先介幼於長，介卑於尊，介近於遠，同倫則介前於後。

假如「室內有他客」，主人的家裡已經先有別的客人在了，現在又有客人進來，假如這些客人都認識，當然不用再介紹了，若客人之間彼此不認識，做主人的就應該給客人介紹，你不介紹的話，彼此不認識，話不好談，按照中國的道理來講，彼此都是客人，都是要好的朋友，應該互相認識，再說認識後談話也比較融洽，所以這是第一個原則，要給其他客人介紹。

介紹也是有禮貌的，「先介幼於長」幼與長是就年齡來講的，就是先把晚輩介紹給長輩；「先介卑於尊」表示地位的尊卑，大家族中有輩份排行，有的輩份高反而年齡低，這種情形是把卑的介紹給尊的人。「介近於遠」對一般的客人來說，有住在近處的，也有遠路來的客人，我們就把近處的客人介紹給遠路的客人，這就好分別了。還有同倫，就是彼此的年齡、地位、身份、輩份尊卑等都相等時，也就是平輩的人，怎麼介紹呢？就依來訪的先後來介紹，也就是「介前於後」，把先到的客人介紹給後到的客人，這是介紹的次序。

從前講禮節的人，自然知道這樣介紹，可是現在知道這個規矩的人不多，所以研究了「常禮」之後，就一定要照這樣去做，沒有照做就等於沒有用，這不但是背誦的問題，而且要真正做到。

六、敬茶果先長後幼，先生後熟。

客人來了最起碼的禮貌要倒一杯茶，再弄一點水果，或是糖果，茶、果這一類是少不了的，敬茶果的時候也要注意，先敬長輩，年紀長、輩份長的尊長，然後敬比較幼一點的。還有「先生後熟」，先敬生客，後敬熟客，這是敬的先後次序問題。還有主、客之間也要分清楚，老師講過，老師到蓮社來，我們招待遠路來的客人，同學拿毛巾、茶來了，這時候老師我們所尊敬的，在我們認為要先敬老師，這就錯了，老師這個時候是主人，在這裡是招待客人，所以我們必須把毛巾跟茶先敬客人，客人敬過了以後，再敬主人。這是講純粹主人敬客人，而客人之間也要分長幼、生熟。不但敬茶果如此，在宴會上敬酒也如此，要知道吃飯時大有文章。不懂得敬酒，往往在宴席上得罪客人。他坐在這個位子，次序顛倒了就不行。

七、主人必下座，舉杯讓茶。

不管客人他是長輩還是晚輩，到你家裡來作客，就要請他坐上位、上座，主人自己就要坐下座，把茶果端來以後，就是舉杯，舉起茶杯，「讓客」就是請客人喝茶。這是最普通的，注意這一個禮節。

八、客去必送致敬，遠方客必送至村外或路口。

客人訪問完了要辭去時，做主人的不能坐在家裡不動，或者只是送到門口就停止了，必定要送客致敬，假如同樣是住在台中市，那麼送到門口，等客人走遠就差不多了，如果客人是遠方來的，不是住台中，而這客人又是專程來拜訪你，當客人走的時候，你要把他送遠一點。要是在鄉村的話，你要把客人送到鄉村以外，比如住在村莊東邊，客人往西邊走，這個村莊還有許多家族，那你就要陪他把這個村莊走完，送到村莊以外上了大路為止。

如果村莊一走出來就是個路口，那麼送到路口上就可以了。可是送到路口之後，客人一走就轉身回來也不合適。必得站在那個地方看一段時間，當客人走的差不多遠了，這個時候你再回來，中國文化就跟西洋文化不同，西洋文化不講究這個，他送到門口就完了，中國文化友情是非常厚的，朋友好不容易見一次面，見面之後又分別，要表示感情，必須送遠一點。

九、遠方客專來，須備飲食寢室，導廁所，導沐浴。

遠方客專門來訪問你，那就不是普通的交情，我們要必須要備飲食、寢室，並且要引導廁所、與沐浴的位置和使用方法，中國有句古話：「賓至如歸」！歸就是歸家，客人到我們家裡來，要讓他好像回到自己家裡一樣，一切都習慣舒適，其中最重要的就是飲食，還有晚上休息的地方，寢室，這必須預備的。有的家庭有客房，如果沒有的，臨時可以騰出來。也有些客人不必住在主人家裡，他知道主人家裡房子不夠，他可以住旅館裡面。家裡如果沒有房子可供客人住宿，主人必須事先預訂旅館。

這一條是指住在主人家裡，要事先預備飲食、寢室，另外要告訴客人廁所在什麼地方，設施如何使用等，要引導他知道。普通人家朋友從遠方回來，我們說給他「洗塵」，這個塵就是灰塵，請他吃飯也叫洗塵，也就是一路風塵僕僕，客人受到一路的風塵，所以讓我們為他洗塵以後，使他感到一身輕鬆，所以是借這個名詞，表示我們對客人的盛情款待。這是做主人招待客人，最起碼要注意到的這幾個層次，飲食起居這些事都給客人預備好了，讓他一切都能像在自己家裡一樣方便，這是盡到主人應有的責任。

十、遠方來客，必送至驛站，望車開遠始返。

客人來時我們要到驛站接他，客人離去，也要把他送到驛站。所謂「驛站」就是車站，車站有遠有近，比如在你家門口就有一個汽車站，這個時候你送到他到車站就可以了。假如是坐火車，也要送他到火車站。

下麵說「望車開遠始返」，火車開動，我們要站在那個地方，望著車子開遠，等火車看不見了才回來。所以必須買一張月臺票，在月臺上送他上車。古人送別就是這個情形，大家都念唐詩，李太白送孟浩然，他說從黃鶴樓江邊乘小船，慢慢由近而遠，一直到看不見人了，只看到帆船的影子，後來連帆船的影子也看不見，被山擋住了，他還在看江水流向天際的情況，這就是他對朋友的那一種交情！還有汪伯琦，他住在山上，把朋友從山上送到山下，然後自己再回住的山上去。這個都是古人守禮，也是朋友的交遊之道。

現在一般人時間都沒有那麼充裕，也做不到那個樣子，但最低限度，把朋友送到車站，這個可以做到的，做主人的在招待客人時，從見面入門，為客人介紹、敬茶果、讓座、然後送客，知道這幾條，大概也就差不多了。對客人可以說是盡到地主之誼，禮貌上也是可以說得過去。

（未）旅行

下面是旅行，旅行也有規則，也講求禮。

一、將遠行，必辭親友，祭祖辭親。

一個人要到遠地方去，一定要向至親好友辭行。所謂「遠行」，古代和現代觀念有點不同。古時候我們由台中到臺北去，這就是遠行，因為古代沒有火車，沒有高速公路，用的是人力車或走路，光是路程就需要走好幾天，到那個地方還不是短時候就回來，或者是辦事，或者做生意，必須留一段相當的時間，這就是「遠行」。現在當然交通很方便，從臺中到臺北幾個小時就到了，不算什麼遠行。

假如你要離開這個地方，不是幾天就回來，得經過一段相當長的時間，那也算是遠行。過去在大陸上，從這個省份到那個省份地方廣大，沒有車輛，就是坐汽車橫跨幾個省份，也要半個月之久，這就是遠行。在這種情況之下，至親好友要向他辭行，所謂「朋友」，同門為朋，同志為友，不是泛泛之交，因為我們認識的人太多了，在機關裡邊同事那麼多，要是每個人都要辭行的話，那怎麼辦得到呢？

此外要祭祖，出遠門的時候，要祭祀家裡的祖宗。現在一般小家庭，也應該供一個祖宗牌位。在內地還是這樣的，一個村莊裡面同樣一個姓，會專門建立這個姓氏祖宗的宗詞，除宗祠以外，他還有一個祖廟，供最近幾代的祖宗，還有呢造房子時，內地有四合一的房屋，這種四合一的形式，四周都是房屋，中間有天井，在後面的正中，照例有供祖宗的位置，先所供的是已過世的曾祖父母、祖父母、父母等，大概這幾代，這幾代以上的就供到村莊的祖廟。再遠的就進到祠堂裡面，全族共一個祠堂，好幾層的，無論多少代數，都供到裡面。

這裡講祭祖，隆重一點是到祠堂去供祖先。現在沒有那種情形了，大致一般家裡，四合一的房子也不多見了，所以家裡必需供一個祖先的牌位，你要遠行前就要祭祖，祭了之後，再辭別自己的父母親。祭祖辭親表示孝道。祭祖是中國人的禮，中國古時候沒有其他宗教，佛教不是中國的，是從印度傳來的，研究宗教的人認為，在佛教沒傳來之前，墨家是宗教，其實墨子相信有鬼神，應該說起來，不算是一個宗教，不過他有宗教家犧牲服務的精神而已。那麼儒家注重慎終追遠，其實也不是宗教，宗教是現代的新名詞，固有文化沒有「宗教」這個名詞。

中國文化維繫我們人類道統、精神的，就是靠祭祖，這是孝道。孔子講「祭者得福」，祭是祭自己的祖宗。然而「非其鬼而祭之，諂也。」不是自己的祖宗而祭他，這是諂媚的行為，當然是祭自己的祖宗。為什麼出遠門要祭祖？希望祖宗在天之靈保佑他，在外一切平安，有這個道理。辭離自己的雙親，讓雙親知道我們所去的地方，所以說：「父母在，不遠遊，游必有方。」有必要到遠方去，要讓父母知道你到那裡。所以有辭親的禮，祭祖宗要拜，辭親也要拜，這是遠行一定要這樣。

二、到達目的地，必先拜訪有關人士。

你到了遠方去，都得拜訪有關人士，包含得很廣。比如說你到那地方去做生意買賣，走江湖更是需要，人家說：「江湖愈老，膽子愈小。」你有通天本領，那個地方有關的上下人士，都是事情成就的關鍵，任何地方都不要小看，說不定有江湖的老前輩，隱姓埋名在那兒，你不知道所以要打聽好當地有些什麼人。你要先去拜訪他，

拿現在選舉來講，選舉也不簡單，選舉有人拿錢買票，但買票也不見得就成功，也有很多不買票成功的，這就是禮的關係。有關人士拜訪禮貌到了，就能夠得到支持。所以到遠方去，當然要事先瞭解那一個地方的人，問有關人物如何如何，一到那個地方就先去拜訪，向他請教，這是應有的禮貌。人就怕驕傲，一驕傲就覺得，憑我的才能到這小地方來君臨天下，一切都聽我的，其實不見得，就有人不聽，就是做官，作官在古時候是官家派的，皇帝派下來的知府、知縣，到地方作官的時候，我們

以為地方上一切以他為大嗎？如果那個地方的有關人士，他不去拜訪，這些人就會給很多的阻礙，很多事就沒辦法推行。

上海過去有個文人杜月笙，大家都知道的，上海那麼大一個地方，他任何官也沒作，但是任何地方他都清清楚楚，例如某某大官身上掛的貴重東西丟了，不知什麼時候丟的，找杜月笙，他一句話，說什麼時候、什麼地點歸還，遺失東西的人到時候，到那個地方，人家把東西送到他口袋裡，他還不知道，跟玩魔術一樣。那個時候抗戰，上海是一個淪陷區，你找警員沒有用，無論是哪一道人物，沒有人不找他的，那一類人物都掌握著地方上的資源，他一句話就沒問題。這個就是有關人士。

所以無論做什麼事情，必得要謙虛。在那個地方，他是有關人士，一切都瞭解得清清楚楚。就是我們學道，大家都知道都是在台中講，在老師的道場，你到遠路去講講看，遠路你怎麼講法呢？不是這麼簡單的，遠路實實在在我不敢去講。

三、歸來必謁親友，或略送土物。

旅行回來的時候，要去拜謁原來出門辭行的親友，拜謁時要略送土物。土物就是該地的土產，到高雄去可以帶一點當地的土產；到國外也有地方的土產。東西不在多，一點表示禮貌就可以了。比如從國外旅遊回來，帶一包小糖果，就代表那個地方的產物，這是表示心意。

四、遠行之親友辭行，必往送行，事前或贈物或宴餞。

就另一方面來講，你的親友也有遠行的，他要到遠方去，來向我們辭行。既向我們辭行的話，那我們就要去送行。要打聽他什麼時候、乘什麼交通工具，是火車站走呢？還是飛機場走？總之要有送行的表示。在送行前，或是送一些禮物，或是給他餞行，就是設宴。這是對於辭行的人應有的禮節。

五、遠方客來拜，須往答拜，或設宴接風。

遠方來的客人，專程的來拜訪，在見過面以後，我們作主人的，就要去答拜他。除了回拜之外，還可以設宴給他接風，接風就是設宴款待遠來或歸來的親友，其實就是請他吃一次。

六、旅人歸來拜，須請回拜，或設宴洗塵。

這裡講「旅行歸來」，這個旅人必然是原來住在這裡的，到外面旅行，現在才回來，他歸來的時候，前面講過「歸來必謁親友」，他來拜訪的時候，我們也要回拜，或者設宴來給他洗塵。就是旅人回來，在旅途上受一些風霜灰塵，現在給他洗塵的意思。儒家最注重就是倫常團聚，無論親戚、朋友就是倫常關係。天倫當然不必講，就是朋友團聚，也是人生一大樂事，分離是不得已的，謂佛家講「愛別離」苦，所謂愛別離就是感情好的，友誼很好，不能不離開，兩方面都感覺到不愉快，所以辭親表示對分別的鄭重其事，當回來時也要告訴親友，完全在於敦厚親友的倫常關係。

所以自古講禮和現在大不相同，現在知禮的人還常注重，有些不注重禮的，來就來了，去就去了。有些人走了好久，後來朋友才知道。「某人怎麼好久不見面」，後來一打聽，才知道他已經離開此地很久了。這個都是受了現代風氣影響的關係。

七、受人之送行及餞別，到達所在地，須一一函謝。

要遠行之前，我們向親友辭了行，親友也給我們餞別，這一些禮彼此都做到了，那麼餞別之後，到了目的地還要一個個「函謝」，寫信回來時，也不能夠一封信把所有的名字都包括在內，大家傳閱，這個不大合適。要一人一封信，報告自己已經抵達，告訴大家那個地方的情況如何，讓這些人能夠放心。再者感謝他們的關懷、餞行，這是必有的禮節。

八、人之接風或洗塵畢，須還席。

我們從遠方回來，或者從遠方來到這個地方，親友為我們接風、洗塵。這個時候我們要還席。什麼叫還席呢？人家請我們，我們照樣要請人家再聚會。這就是借接風、洗塵還席，增厚交情。古人講五倫之中，父子、兄弟、夫婦是天倫，不能分開。現在有不孝兒，實在不能教化，做父親的就在報紙上登個廣告，與他脫離父子關係，實際上無法脫離，天倫怎麼脫離呢？兄弟也不能脫離兄弟關係。古時候有休妻的禮，沒有離婚的規矩，沒有這個法，休妻那是非常嚴重的，那不是普通的事情。除此以外，夫婦結了婚是百年好合，是終身的，也跟天倫一樣，何況有了子女之後，那更是不可分離了。現在有了子女，他意見不合還是要離婚，現在不能談啦！

夫婦、父子、兄弟就是天倫，家族的關係。家族以外就是君臣關係。君臣，拿現在是公務員，機關領導與部下的關係，就是君臣關係，這是職務上的關係。還有朋友是道義的結合，朋友他既不是天倫的關係，也不是職務上的關係，他是道義之交。朋友注重交，所以稱朋友至交。這個交包括彼此互相研究學問、修道，或是在事業上彼此能很接近，願意作朋友，這就算是交了。朋友之義在交，如果不交，就不稱為朋友。就這個「交」字來講，旅行到外面去還要辭行，還要送行，到了外面之後，經常還要有書信往來，不要失去連絡。這是朋友的可貴。所以朋友有接風、洗塵、還席，這個都是連絡感情。

九、入境問禁，入國問俗，入門問諱。

境就是一個地界，《禮記》上的禮是周家定的，講的就是孔子那個時候，春秋時代周天子的天下有很多國家，這個人從這個國家到那個國家。一入邊境就要問他的「禁」，禁就是一個國家法令、規章，都必須要問明，不問明就不知道這個國家的法令，不小心就會犯了他所禁戒的事情，假定以違警罰法來說，各地都不同，南方有南方的，北方有北方的，因各地的特性不同。到了一個新環境之後，不能一下子犯了人家的禁忌，那是不行的，一定要入境問禁。

入國是問「俗」，古時候國都有城牆，你入了城要問他的「俗」。「俗」是的風俗習慣，這也是每一個國家都不同的。不瞭解這個國的家風俗習慣，就往往違反了風俗。小而言之被人笑話，大的就會遭遇人家的排斥。所以先到一個地方，總要把那個地方的習慣搞清楚，這就是禮，禮有不同的習慣。送禮是表示禮節，無論婚、喪，或是什麼慶典，要瞭解當地的風俗習慣，禮怎麼送法，應該送什麼，都有習慣的，往往我們認為這是禮，在人家看起來不是，那就壞了。所以必須要問俗。拿禮金來講，你送人家這個數目，是多是少沒關係，人家注意的是這個數字，不但中國人有忌諱，外國人也常有，他有特別喜歡的，也有討厭的。外國人有時候，不喜歡十三號，你說何以然呢？也說不出所以然來，一發生這種事，好事也被大家認為是凶事，要打聽清楚。

「入門問諱」就是無論到遠方或到近處，到人家家裡去拜訪人家，必須先問諱，諱是什麼呢？比方你拜訪這個主人，他家裡的老年人，他父母親的名字，祖父母的名字，這叫做諱。現在不講求了，做兒女的有時後介紹「我是某某人的兒子」，首先把自己父親的名字都說出來了。在古時候不是這樣，古時候稱父母名字，都是叫上下，家父上某下某，不是一下就直接把名說出來。別人也不能夠當面說人家父親的名字。

在《禮記》上講的諱，一般是父母長輩還在世時，要求還比較寬一點，可是去世以後，就一定要諱。《禮記》上注解，父母死後一百天，叫做「足哭」，事情辦完了叫足。從死那一天起百天之間，做子女的隨時都哭，沒有定時的。過了一百天以後，就不能如此，不能說想起來就哭，應該有一定的時候。從百日足哭以後，父母親的名字就要諱了，絕對不許人講。你入他的家門，要是提到人家已經過世父母的名字，就犯了大忌諱。因此作客入門前先要問問諱，問去世父母親的名字。究竟怎麼問法呢？當面問當然是不可以的。當面問主人答也不好，不答也不好。所以要先問「介紹人」，就是主人派他家裡的人，或傭人或是家裡其他的人出來，看看是什麼訪客，可以先問這個人。還有最好在拜訪之前，就打聽他家裡有那些諱，應該忌諱那些事。

十、入國不馳，入村裡必下車馬。

本來這一條是講皇帝的，古時候做皇帝是一國之君，他無論是乘車或騎馬。「入國」就是在城市裡面，「不馳」就是馬不能騎得很快，因為都市人馬來往很多，馬走得很快容易撞到人。所以古注講，入國不馳是愛護民眾。一個國家的領袖，乘了車出來都不能夠走得很快，何況一般人。所以現在一般人在都市裡邊，車開得很快，都是不合乎禮的。交通規則規定什麼樣子的汽車，在城市裡邊開什麼樣的速度，違反了這個規則，在古時候就是失禮。古時候講禮治，現在則是違反交通規則，警察就找你開罰單，遵守交通規則也是講禮。

還有「入村裡必下車馬」，到了村莊鄉里，無論是乘車或騎馬，必然要下來步行走過去。《論語》裡面講：「十室之邑，必有忠信如丘者也。」不要看這地方小，十幾家的村莊，說不定有高人在裡面，有道德、有學問的人在這裡隱居。我們經過這個地方，就要尊重這個地方，假如我們還是傲然地坐在車上，一直沖過去，懂禮的人就在後面譏諷了。老師講了好幾次，在内地村莊裡，有些人照樣騎車、乘車，後面人家就講嫌話了。所以這個「不馳」「下車馬」既是遵守交通，也是守禮節。

旅行一共有十條。從辭親到回來，以及在外面注意的事情，保證我們都能遵照這些禮節去做，到哪個地方都會非常愉快，受到賓至如歸的禮遇。反過來說，我們到外面去，不按照這個禮，無論在本地或是遠方，必然都會遭遇到很多麻煩。這些麻煩其實都是在自己找的。自己小事注意到了，環境就好，沒注意到，環境就不好。佛家講「萬法唯心」，「心」字廣泛得很，我們一舉一動，一言一行，把這「心」字用到了，都是在這當中。「諸葛一生唯謹慎」，諸葛亮一生做任何都非常謹慎，任何事情他都注意到了。人與人之間的事，這個事都寫在《曲禮》裡邊，《曲禮》就是曲曲折折，曲盡人情。

人與人之間的情感，有時表面看不出來，心裡很微細的，必得從微細中去領略，不是粗心大意能夠體會出來的。要把一句話說好不容易，一句話說出去沒有分寸，讓對方聽起來就發生誤解，這就找出麻煩來了。說話讓人家誤會，往往解釋不清楚，這都關乎我們這個心思用到了沒有。我們怎麼樣用心呢？所以講這些禮，提出這些原則，有了原則，根據老師所開示的舉一反三，處處留心去體會，就能轉逆境。一個人處的環境好壞，完全在乎自己。尤其是受教育愈高的，往往在這方面注意得很少，這個不行。一個人受的教育越高，辦的事情也越大，這個禮若不注重，就會壞了大事。

普通小事遭遇阻礙失敗了，還沒什麼大關係，你辦的事多了，有關眾人的事情，如果遭到人家的反對，給人家破壞了，損失就大了，這個損失是自己沒有通達人情事故所致。在社會上真正的君子很少，君子之人是公私分明的，你跟他個人之間有不愉快的事，他可以放在一邊，處理公務的時候，他能不受影響還是照樣去做；但一般人就不是這樣了，普通人都是把公私加在一起，個人之間有不愉快，在處理公務的時候，他就跟你過不去，因私害公。

所以我們處人處事，無論如何自己總要謙虛，想得周到。在社會上碰釘子比較多的人，他可以體會出一點。也有些人就是年紀老了還不覺悟，他個性很倔強，什麼事都堅持己見，別人意見他不能採納，自己犯錯，還是照錯的去做，不承認自己的錯誤，這種人沒辦法教他，勸告也沒法勸告，他碰的釘子再多也不覺悟。我們瞭解這種情形，自己就不要這樣子，隨時要發現自己的錯誤。常常拿這幾條原則自己對照，我們是不是合乎這樣子？在人情方面，禮節方面都要做到，做得不夠時自己要補救。

不過有些情況，也不一定必須這麼做，譬如說講接風、洗塵，原則上是要做的，要誠誠懇懇的表示，但是朋友確實不喜歡，不願意接受餞別，那也不能勉強，我們的誠心誠意表示到了，他不能接受，我們也要隨順，不能說我一定要拉你來，請吃一餐飯，這樣也不好。當朋友從遠方回來的時候，也要誠懇地來給人家接風或洗塵，但是人家實在不願意，那也就算了。

凡是總是要盡到禮貌，禮貌盡到了，看對方的好惡如何？我不一定就要固執己見，非要這麼做不可，這樣反而違背禮的原則，禮是講什麼？講曲禮啊！曲禮是曲曲折折，不是那麼一成不變的，是原則性的，這還是靠我們自己多多留心就是了。

（申）對眾

凡是三人以上就叫「眾」。我們處任何一個場合，只要有三人以上，都是「對眾」。在群眾當中，我們應該表示什麼樣的禮貌，這個也非常重要，不懂這個道理，往往遭來很多人的譏諷。

一、他人正談話，不在中間插言。

當甲乙這兩個人正在談話時，我們就不要把人家的話岔開來，或者跟甲，或者跟乙講話。因為這兩個人可能正在討論重要的事，或是私人的事情。我們第三者插進去，妨害兩人的談話，這是很不好的事。假如我們自己，正在跟某人談話的時候，突然有第三者進來插話，把我們之間談話討論的事打斷了，我們感覺這個人合不合道理呢？所以這一點很重要。

二、兩人對談，不向中間穿走。

這裡討論到兩個人在那裡面對面地談話，或者是坐、或者是站的情況。《禮記·曲禮》講：「離坐離立，毋往參焉。」「離」字不當離別講，離就是兩，兩個人對坐在那裡、或是站在那裡，或者談話、或者不談話，只要兩個人對面坐著、站著，不要去打擾他們。還有不能從他們中間穿過去。在房子裡面，假如說兩個人對坐，當然不能從他們中間穿過去；但是如果在路上，兩人對面站在那裡，你要通過這個路，他們妨礙了你的通行，是不是要從他們兩人中間穿過去呢？也不要，這個時候我們繞過去，從他們背後過去，如果從面前過去，就是妨害他兩人。

就另一方面講，禮是雙方面的事，假如站在我們的立場來講，我們不能和任何人站在道路上面對面的說話，妨礙人家走路。禮是只管自己，不管別人，別人不對不要緊，我們可是管不了別人，儘管他不對，也不要去從他們中間穿過去，也不要糾正人家，「你怎麼站在這裡？把路擋住了。」這都是不可以的。我們還是自己盡自己的禮貌，繞過去就可以了。

三、不高聲喧嘩，擾亂他人視聽。

在眾人相聚的場合，或是公共場所，我們可不能很大聲在那裡講話、喧嘩，旁若無人在高談闊論。有一些人不懂得這個道理，愈是在公共場合，愈是提高嗓門講話，其實在公共場所不是不能講話，例如在火車上，同行的兩人要說話的時候，無論什麼情況，以對方聽得清楚為原則，聲音不要說得很高。你這聲音一高的時候，有的人需要休息，怕人家吵他。有些人不瞭解這一層道理，故意把自己得意的事說出來，譬如我中了獎券，或是學校裡考試得了高分，一筐一筐地說個不停，這些事情人家聽起來是不是夠膩的了。表示這個人好表揚自己。又喧嘩，又擾亂別人的視聽！

所以我們常常說：「語驚四座」，這一句話說出來驚動四周的人家，都聽這個人來講，然而說的是什麼呢？不正經的話固然不可以說，就是談道，也不要高談闊論。談道也是彼此聽得清楚就好了，我們聲音談得很高，是故意借這個機會，想讓所有人接受我們的說法，其實這會引起人家的反感。我們事事要自己反省，如果在火車上、車站或其他宴會上，某人在那裡左一聲上帝，右一聲救主，我們聽起來作何感想？這就太沒修養了。在他以為這樣可以宣揚主的道，也是自己對教的一番好意，可是別人感受不了，也讓別的宗教徒起反感。

禮貌都是互相的，事事自己考慮清楚。你在大眾場合，不是必要的話，儘量保持安靜。因為公共場合，那麼多人聚在一起，可能已經很吵了，喜好安靜的人都會感到不耐煩，而如果我們再高聲談話，那秩序就更不好了，讓人家更受不了。所以不高聲也不喧嘩，免得擾亂別人的情緒，這是應有的禮貌。

四、不橫坐，不橫腿，不捫腳。

我們坐的凳子就要坐得端端正正的，有些人把身體橫過來坐，這樣叫「橫坐」，那就不合禮了，也不雅觀。還有「橫腿」，把腿伸到長條凳上去，這個也不行。既不能橫坐，也不要橫腿。古人坐的話要求端坐，《禮記》上講，對尊長坐的時候，還不能「滿坐」，就是把椅子坐得滿滿的，靠在椅背上坐得很舒服。在長輩面前這樣滿坐是失禮的。應該要「半坐」，坐椅子的一半，古人叫做「危坐」，也就是「正襟危坐」，坐得肅然起敬。這當中有隨時聽候長者吩咐的意思，危坐時人比較容易站起來。你泰然坐在那裡已經失禮了，尤其再這樣橫坐、橫腿，那更不像話了，不但對尊者、長者，不能夠這樣，就是同輩在一起坐，也不能夠這樣。平常在家裡就要養成習慣，到外面做客的時候，就不會不知不覺地把腿拿起來。腿拿起來一橫，別人看起來會覺得失禮了，自己還不知不覺，一定要自己多留心。

還有「捫腳」，捫是摸的意思。有些人坐稍微久一點，就把鞋脫下來讓腳透透氣，最常見的是坐火車，或坐汽車，再更進一步，把襪子也脫下來，用手在那裡把腳丫子扳過來扳過去。我們這個腳穿了鞋，空氣悶在裡面，一旦把它脫下來自己也受不了，這個氣味不好，你如果坐車上把鞋子脫下來，讓別人聞了難受，這一股味道往鼻子一沖不好，所以不能捫腳。不能把鞋襪脫下來，用手摸這個腳。我們做任何事情，講這個禮，處處要替別人著想。

假如我們座位旁邊的人，也來這麼一下的話，我們感覺如何呢？我們受不了人家這樣做，我們也不能這樣。所以曾子講：「吾日三省吾身。」我們什麼事都要反省，事事反省都來不及了，有時候還有考慮不到的，還是小毛病很多，經常不斷地犯！尤其在公眾場合，或者是坐車子，吃飯的時候，那更不得了。許多人同席吃飯，我們把鞋子脫下來，一下子脫鞋，一下子又捫腳。用手去摸摸腳，然後再去夾菜吃，別人看了怎麼吃得下去。

五、不隔席談話。

參加宴席、宴會的時候，我們不要「隔席談話」，頂多與旁邊這一席的人小聲交談，不要與相隔比較遠那一席的人談話，那樣談話一定要提高聲音，才能談得起來，當你高聲談話的時候，一定會妨礙別人，那對方跟你談呢，還是不談呢？他跟你談，聲音要放很大，若是不談，那你已經問話了，這也不好。現在一般的宴會的桌子都很大，圓桌談話的時候，原則上話還是不要多。有必要談話時，最好只跟左右談。與對面的人距離那麼遠，也就不好談了。假如說與對面談話，他對著你，你對著他談，這個中間隨著談話言語，飛出去很多口沫，往菜裡面落，那菜裡面就是五味俱全了！所以不要隔席談話。

六、坐不掀起椅凳之後方。

你坐在那裡，不要把椅子的後方掀起來。一個單獨坐的凳子，正常情況在坐的時候，椅子四腳都是落地的，但有些人不如此坐，他故意把椅子後方兩根腳掀起來，你這樣坐雅觀不雅觀呢？也許你自己滑跌倒了，也許人家從後面一絆跌倒了，這都不好。

七、衣帽不加於他人之衣帽上。

我們或到外面旅行，或在餐廳裡宴會吃飯。尤其在冬天，外面穿的衣服比較多，譬如風衣、大衣等，進餐廳後要把外衣、帽子脫下來，餐廳裡面照例有一個掛衣服的地方，最理想的是每個人都有一個掛鉤，如果沒有那麼多位置，當我們看到人家的衣服已經先掛上去了，就不要再把自己的衣帽加在上面。或者人家把衣服折好放在凳子上面，我們就不可以再把自己的衣服、帽子放在別人的衣帽上，除非是非常要好的朋友，他說「你把這放在上面好了」，那就沒什麼問題，如果是生人或是普通交情，當你把衣物加在上面時，他會不高興，因為個人有個人的習慣，有愛好清潔，他的衣服乾乾淨淨放在那裡，我們的衣帽戴得髒了，再加在他的衣帽上，他就不高興了。

再者，人都有一種脾氣，不願居在人下，衣帽也不願意居在人下。所以大家要留心，例如參加宴會、喜事，有簽名禮簿，大家都是認識的朋友，所以參加的人名字都是簽在最下面的。再來有人開畫展，來的人都互不認識，這時候大家都簽在上一層。由此可以知道一個人的心理，都喜歡把自己的名字寫在上面，不願意寫在下面。既是一般人心理是這樣，我們就要自己謙卑，處在下面，不要居在人上，居在人上就跟人起衝突，這就是不好了。小事如此，大事也是如此啊！凡事你只要謙讓，讓人一步的話，什麼事都做得通順，不會有什麼阻礙的。

所以聖人制禮，教我們讓人，實際上還是對自己好，大家都禮讓的話，這個社會團體多麼和衷共濟，多好呢！非得要你不讓我，我不讓你，互相競爭，就跟現在競選一樣，大家就這麼爭，實際上風氣是如此！大家也不能不競選，制度就是這樣，民主時代要競選，可是現在這種方式，六、七十年前的人看到這種情況，是受不了的！

老師講在前清的時候，乃至於到民國初年，對日本抗戰的時候，在家鄉內地所見到的，還沒有選舉啊！地方上的鄉長，當時叫「連保主任」，連保主任下面，現在叫村里長，當時叫「保長」，保甲啊！當時實行保甲法，就是中國歷史上所行的保甲法，保長相當於現在的里長、村長；甲長相當於現在的鄰長。保長、甲長大家都不願意當。大家互相推薦，彼此都是讓的。鄉長也是很謙虛的，鄉長是政府派下來的，也不是選的，派的都是有資格、有能力的人，整個風氣不跟現在一樣。

現在有了選舉制度，我們請那時候的人到現在來，他一定不願意選舉，現在選舉都要自己宣傳自己，宣傳還不算，還要拿錢出來。拿錢不是這麼簡單的，拿錢買票還要找對人。所以我們處在這種風氣，你叫孔夫子到現在來，教他老人家來選舉，他也沒辦法。民主時代一個人有一張票，這張票是選民拿在手裡面，他選什麼呢？當然是認識的人，如果沒有認識的，他怎麼選法呢？所以完全靠競選人自己儘量宣傳自己，儘量表揚自己，用盡各種方法。所以，現在很難，風氣是這樣。但我們不管風氣怎麼樣，瞭解了之後我們守住自己的本位，把事情做好。

人家好戴高帽子，我們就讓人家戴，不要把帽子加在自己頭上，這樣到任何地方，我們不會受人家的輕視。時代雖然如此，儘管個人都願意宣傳自己，但在另外一方面，也都不願意聽到自吹自擂的人，聽起來都不大高興。這是矛盾的時代，既不願意聽人家自我表揚，而自己又免不了要表揚自己，看這多麼矛盾的事。

八、不向人噴水吐痰。

噴水、吐痰這是不好。什麼情況下噴水？我們不會無緣無故在大眾場合，含一口水來對大家噴。

但是有一種情況，過去一般人有漱口的習慣，喝一口茶在嘴裡面咕嚕咕嚕，然後往地上吐，也不顧公共衛生。過去往往有犯這個毛病，還有吐痰也是，過去隨地吐痰的現象很普遍，往往嘴裡有痰就隨地吐，既不衛生又不雅觀。

還有在團體生活中，早晨起來漱口刷牙，大家在一起漱口時，當漱口水漱下來時，應該要小心，有些人往下吐的力道很重，「呸！呸！」吐下來的時候，往往噴到站在旁邊人家，把人家的衣服也弄髒了。或者水龍頭開得很大，嘩！水一沖下來，到處水花四濺，濺到人家的衣服，水龍頭應該小小的開。這種人都是屬於「狂者」，不能夠小心，不能夠考慮到對方的人，到處就受人家討厭，讓人家不高興。

有些人他知道痰不可吐到地上，也知道把痰吐在手帕，或衛生紙上，可是吐痰的方式也要注意，人家在吃飯，你嘩地吐出來，人家聽聲音就不高興，因為吃飯的時候，總是往喉嚨口裡吞，一聽到你在吐的時候，心理就不好受，起反感吃不下去了。還有一些上年齡的人，喉嚨裡面習慣性的，不管有痰沒痰，一進門的時候，就「嗯！嗯！」好像有痰，這樣連嗽幾聲，別人聽起來也不好受。所以，在習慣上要儘量改善，讓人家看起來順眼。假如這些事情沒有顧慮周到，會增加人家不好的印象。

所以，噴水固然要不得，吐痰最好也不要，有痰的時候儘量找無人之處，不要把吐痰的聲音讓人家聽到。還有講到噴水，現在走在路上，有些人洗車子，往往你走到那個地方，他用水在那裡沖車。還有油漆店的噴漆，他也不顧往來的行人，把行人道就當作是自己的工廠。你走到那裡，他正好把漆噴過來，噴得你滿身都是。還有些人怕來往的汽車，把灰塵揚到店裡邊去，所以經常往外灑水，可是要灑水之前，要在沒有人的時候才往外灑，這些地方，都是要顧慮到人。所以既不能向人家噴水，也不能向人家吐痰，讓人家產生反感。

九、不向人呵欠，舒伸，嚏噴。

這一條討論到跟人家談話的時候，向人呵欠的情況。我們前面講，去訪問人家時，看到主人呵欠，表示主人的精神疲倦了，這個時候應該向主人請辭，不能再繼續談了，假如主人昏昏欲睡的時候，一邊和你談話，一邊打著瞌睡，勉強打起精神，這很難受的，做一個訪客叫主人這麼難受，心裡也是不安的！從另外一方面來講，無論我們是否做為主人，在任何場合，只要跟朋友親戚或者是熟人談話時，最好不要打哈欠！你一打哈欠的時候，懂禮的人，就不能跟你談話了，他心裡會想，你太疲倦了，不能再談下去了，他就要結束談話。有些人習慣哈欠，說幾句話呵欠就出來了，他也不是真的精神疲倦，就是有這種小毛病，這個小毛病要改。

還有人習慣咳嗽，咳嗽和呵欠的習慣都是不好的。還有舒伸，有些也是習慣性的，坐不到多久就「嗨！」舒伸起來，這個舒伸就叫做「欠伸」，欠是呵欠，伸是把手伸開來，真正疲倦的時候，當然是情有可原，但習慣性的舒伸就不可以，這樣讓對方看見了，會以為你是有意下逐客令。

還有打嚏噴也是一樣的，咳嗽是從口裡面咳出來，嚏噴是同時從口鼻裡面沖氣出來，如果正好對面有人，我們這麼一沖出來，口裡微細的唾沫，可能就會噴到人家的臉，人家有修養的人，他不肯拿手帕出來擦乾，故意裝作沒有噴到臉上的樣子，但是他心裡很難受。有的不懂禮的人，唾沫一噴到臉上，他馬上拿衛生紙、手帕擦乾，對方看到你在擦的時候，心裡多難受啊！所以這些情況我們儘量避免，當自己實在要打噴嚏的時候，把口捂起來，或是轉身對外，不要對著人家。

對眾一共有九條，就是處處不要教人討厭，讓人有一個好印象。也是原則性的，根據這些原則，凡是教人家起不好印象的，我們儘量避免去做就行了。

（酉）饋贈

贈送東西給人家，包括吃的、用的東西，以及錢財等，都叫饋贈。贈人家東西是一種禮，這種禮在一般沒有研究之前，總覺得送人家東西都是好的，當中沒有什麼學問，然而把這幾條看過後，或者是諸位有機會研究《禮記》，就知道這當中很不簡單。我們送人東西要遵循禮，人家才接受，禮貌不周全或是不合於禮，人家可以拒絕不要，到時候一番好意，因為送得不對，反而變成害事。

一、禮尚往來，來而不往，往而不來，皆非禮也。

《禮記・曲禮》講：「太上貴德，其次務施報。」然後接著講：「禮尚往來，往而不來，非禮也，來而不往，亦非禮也。」這一段即是上面那兩句話，我們也要瞭解個大概，所謂「太上貴德」，這個德聽老師講《禮記》也聽過了，我們固有的文化，最高的是道，道下面次一等的是德，再次一等是仁，再來就是義。仁、義、禮。

道、德、仁、義這四個字都不講條件，那就是說，我們幫助了人家，或給人家任何好處，做了就做了，該做的我們就去做，對自己來講是禮之當然，不要求對方將來怎樣報答我，道、德、仁、義是這樣的，下面再來即是禮，禮尚往來，即是講禮。人與人之間，我有禮往，你有禮來，彼此於是來往，這個就是情份。一天一天加厚，這就是《曲禮》所講的「太上貴德，其次務施報」。什麼叫做「太上」呢？古注講是在三皇、五帝的時代，但也有人講這也不儘然。固然在上古時代，人情都是很純厚的，講施是可以，不必講報答。可是到三皇以下，以至於到了後代，也是有些道德高尚的人，做了有道德之事，不希望人家來報答他，這也是有的！在歷代有一些高人、隱士，我們看《高士傳》，那些修道的人也是有的！所以有人主張，「太上」是指就人來講，不必就時間來講。若就時間來講，周家以前有，那周家以後就沒有了嗎？周家以後還有，不過少一點就是了。

就人來講，凡是這種人，他的德性最高，佈施而不求報答，拿佛家來說，佈施講三輪體空，這就是行無漏法。有漏呢？我們做一點好事，就希望將來對方給我們報答；或者他不希望對方回報我，但也希望這份功德做出去，將來有一種好的報應，這個都是希望報答，是有漏的。在佛家來講，古時候這種人當然特別多，在後代甚至是末法時代，也不能說完全沒有這些人，不過是這些人不大出名就是了。真正的修行人，他佈施講三輪體空，不然生死怎麼了呢？無漏功德怎麼講法？因此「貴德」貴重的是德，道、德、仁、義這個德，德是不講求施報的，事情做出去了，就做出去了，但是這種人不論在古今中外，究竟是少數。

教育立場來講，總是以社會當中最大多數人為主體，社會上多數是中人，上智下愚都是居少數。「太上」的人，這是上智，很少。所以儒家講禮，「尚往來」、「務施報」，有施就有報，因此講「禮尚往來」。既是講禮尚往來，禮就注重有往有來，如果別人送禮給我，而我不往，沒有報答別人的禮，或者我以禮往，而別人不再回答，這統統不合禮，也就是「非禮也」。聖人所以制定禮，就是叫人家守住這個禮，一步一步的往上追求。禮這階段如果還做不到的話，那再來就要講「法」了。

法是講權利、義務，有義務就一定要求權利。例如國家有法定明文規定，私人之間可以訂立契約字據，想想看「法」這樣做的話，禮的精神就沒有了。禮是不必講權利、義務，都是出於自動，基於人的情分，自願彼此交往。如果就「法」方面來講，就只有法律條文規定，那人家還要鑽法律漏洞，還有很多人不能遵守，所謂「犯法」，那社會風氣就一天一天的薄了。所以，聖人講禮是道德的最後一道防線。所以子夏問詩，孔子答「繪事後素」繪事後素，後來悟到禮後乎？這個禮是到最後的，換句話說，如果不講禮的話，那整個道德都不能維繫了。

因此禮尚往來，就中國文化來講，這是必須要講究的，在今日之下，不管人家懂不懂得，守不守，我們自己都這樣做保準沒錯，人家就是不懂禮，我們還是照禮的要求去對待人家，人家心裡也受感動，人都是有良知良能，他所以不明，是因為沒有受到教化，沒受到聖賢教育。當人的良知遇到有禮之人這樣待他，他自然會受到感動，所以在古注裡面講，這是一個基於本性，真實的情感發揮出來的，絲毫不勉強。例如我們受人家的恩惠，人家不講，我們自己心裡總要記得，找個機會就要報答人家，這是報德還本。

中國有一句話講：「飲水思源」，我們喝了這杯水，要想到水的來源，那麼在社會上，一來一往，與人交往，都能這個樣的話，這個禮就沒問題了！這一條在這一大段當中，是個原則。瞭解這個原則，我們才知道為什麼要講禮，跟人家來往，都是出於人的天性，必須如此，人的心才會安，沒有這樣，人的心總是不能安。

二、賜人不曰來取，與人不問所欲。

賜人，這些字眼我們總得要知道。凡是賜給人家，是年齡地位比對方高，或輩份高一點，才講賜。說是這麼說，但真正送東西給人家時，就不能說：某某人賜。可不能這樣講，你就是長輩的時候，送給晚輩，也不能說賜，這裡是為了說明才這麼講的。你以長者的地位，賜東西、送東西給晚輩的時候，你不能講：「哦！你自己來拿吧！」或是「我送什麼東西給你，你什麼時候自己來取吧！」這個不合乎禮。為什麼不合乎禮呢？因為我們講禮，無論任何一個人送東西給對方，對方總要表示辭讓，辭讓一下子，然後再接受下來。

你叫對方自己來取，人家總是不好意思來拿，叫人家感覺為難。尤其你在長者的地位，你叫他來拿，他不來拿就是違背你的意思，來拿又不好意思。這很為難的，因此不要叫人家自己來拿，你可以自己，或是請其他人送過去。我們讀《論語》都知道，孔子在魯國的時候，魯國那些大夫，或是魯君，送東西給孔子的時候，他都是送過來的，就是「不曰來取」這一條。

「與人不問所欲」呢？我們送東西給人家，現在也受西洋風氣的影響，這是難免的，世界各國一開放，每一個國家的風俗習慣都互相在影響，我們要完全拒絕外來是沒有辦法的。人與人接觸，看到別人的樣子，就自然地想去模仿。西洋人要送人東西之前，會去問對方喜歡什麼，喜歡吃什麼！外國人是這樣的。既然你問我喜歡吃什麼，我就告訴你，我喜歡吃巧克力，或是其他什麼湯，什麼水果，照他所說的買送給他。

在中國就不是這樣，中國自古以來，東西送過去以後，對方都是推辭不好意思要。現在你問對方喜歡吃什麼，想要什麼東西，人家會礙於出口，很難講出來，這是一層意思。再一層意思，真正遇到有些不懂禮的人，好！你問我所需要的，我就把需要的講出來。這時候對方要的東西，也許和你準備的不相合，那你怎麼辦呢？你預備送他的東西他不要，他要的是另外一種東西。這不是麻煩嗎？還有，對方所需的東西價值很大，你拿這個錢買不起，譬如需要一架飛機，好啦！你送他一架飛機吧！你不能送，那又何必事先問呢？你問了總是想要滿人家的願望。

這有種種道理在當中！我們送人家東西，當然希望人家對這份東西很愛好。也能夠符合他的需要，對此我們不妨事先多多觀察，事先從旁瞭解，不必當面問他本人，這個都可以辦到。如果說他是吃素的，我們送他葷菜，這就不大合道理了，這個平常都知道，是不是呢？類似這種情形，我們就必須事先有個瞭解，再根據觀察，送對方真正需要的東西，這就可以了。所以送人家一件東西，不在於錢花的多少，如果對方不喜歡你送的，就是花了錢很多，對方都不稀罕，沒什麼大意思。你錢花得很少，但對方一看，覺得很滿意，很能合他的意，所以送東西很不簡單。大原則是不能問人家你喜歡什麼？這個不可以，我們就中國的禮，中國人自古以來都含蓄、謙讓，心裡的意思，不好意思直接說出來，這個國情與人心，和外國人大不相同。

三、贈人物品，必謙必敬。

我們贈送人家物品，無論是什麼樣的東西，就算人家再怎麼需要，或者我們是在救濟他，無論如何，贈送的時候，都要非常謙虛，非常恭敬。中國人凡是懂禮的，他都知道這個，尤其是讀書人，都有一種傲骨，就是人窮志不窮，因為他志不窮，遇任何事情都是不肯低頭，都是方方正正的，你對他沒有禮貌，他還是不屑於低頭。中國過去不僅是讀書人講禮，就是不讀書的人，他也知道禮貌，送人東西也知道表示恭敬、謙虛，總是說我這個禮很淺薄，不知道值不值得送。絕對不能說，我這東西多麼高貴，多麼好，送給你啊！這也是外國人那一套，中國人不這樣。

假如來這樣一套的話，中國人他就不接受了。在《禮記·檀弓》裡面記載，齊國黔敖這個人是不錯的，他看見齊國年荒收成不好，就預備很多食物在外面，普遍供應人家吃，這個事情在今日下很難得，他既有錢，還肯這樣佈施給人家。可是有一個餓者，饑得路都走不動了，黔敖一看說，哎唷！趕快來吃吧！趕快來吃吧！那個饑餓的人一聽，覺得對他有一種很輕視的意思，掉過頭來就走了。就是不吃「嗟來之食」。「嗟」就是一種歎息，可憐的聲音。黔敖看到這樣的情況，當下就對他道歉，那個饑餓的人還是不接受，還是不吃，走了幾步就倒在地上死了。

所以要做好事救濟人家，也要禮貌周全。我們佛家施食還要念咒，做一切事還要念咒來讓他得到真正好處，這是救濟貧困，是自己在種福田，不是可憐對方，這個都有道理。要是輕視對方，存不恭敬的心裡，本來有十分功德，這下子就打對折。如果對方不接受呢？我們的功德就沒有了。這是要知道的，必得要謙要敬。

四、贈人物品，外必用包裹，婚喪慶壽例外。

我們贈送人家的東西，無論吃的、用的，都叫物品，這個物品外面必得用包裹包裝起來，也許我們在食品店裡買來的東西，已經用禮盒包裝好了，外面還要用個紅紙把它包起來，這個叫做包裹。為什麼外面再加一層？讓人家看這不是一個禮物，而是普通的東西，這樣送到人家裡去。這個禮很麻煩，人與人之間的來往很複雜，你送人家禮，在你認為很單純的，是聯誼性質，沒什麼其他的用意。但是，接受人他心裡，或者他鄰居，或是當時在場還有別人，也許會引起很多其他的猜測。如果他是公務員，那麼你送禮去的話，本來只是純粹私人的聯絡感情，與公務沒有關係，但別人一看，某某人又送禮來了，是不是利用職務之便，感覺總是有點不安。

要避免種種懷疑和猜測，這種的誤會並不是送的人，或接受禮的人，而是避免外人看見了，作出種種不當的猜測。你把東西外面包裹起來，別人看見了，也沒覺得有什麼，所以講人情世故，這就是人情世故。但是有例外的，「婚喪慶壽例外」，譬如結婚、喪事，或是作壽。此處作壽不是現代一般人所講的，四十幾歲，五十幾歲也作壽，做了大官，五十歲也作壽，其實在古禮，我們老師一再講，六十歲還勉勉強強，一般這個年齡都還不作壽的，七十歲才可以。

在中國來講有上壽、有中壽、有下壽。上壽就《莊子》裡面所講的一百歲，中壽八十歲，下壽六十歲，相差二十年，到了六十歲，一個花甲子可以算是壽了。他的標準比較低一點。在《左傳》注解裡還高一點，上壽一百二十歲，中壽一百歲，下壽八十歲，依這個標準來講，八十歲才能夠作壽，想想就是不以高標準，我們折中來講，七十歲的時候才是壽。

這裡講結婚、喪事、慶祝及作壽，送禮物可以不用避人耳目，人家不會猜測的，它是公開的受禮，公開送禮。除此以外，禮物總要避諱一點，免得彼此都有麻煩。送人的也要避嫌，譬如你是在公家機關工作，逢年過節的時候，你準備一份禮物，預備送給與公務無關的人，純粹是一個親友，可是你這份禮物在公家機關裡面提進提出，人家一看，某某人一定是想送給某某長官的，巴結長官。這不是招來誤會嗎？你在外面買東西，直接送過去就好了，何必要提到機關來呢？

關鍵都在自己，很多事情如此，所謂《曲禮》就是這樣的。人的心裡是捉摸不定的，在《書經》裡面講得好，「人心唯危，道心唯微！」我們自己一舉一動，都覺得於心無愧，光明磊落可以對天，可是對天是可以的，天看得清楚，而人看不清楚！人看不清楚，他誤會了，你就招來很多麻煩，閒言閒語是小事，但遇到重要的事情，由小誤會就造成大誤會，那障礙就來了。所以你懂得禮的時候，處處總得多考慮幾次，為什麼包裹？有什麼作用？要多考慮。

五、平素贈物，座有他客，須避觀聽，遠來及初晤，可不避。

前面講過，我們平時贈送一個東西給人家，若是送到朋友家裡，當然這東西要用包裹包裝起來，你在送的時候，總是要有表示，假若當時對方家裡沒有別的客人在場，你當然可以直接講，如果說主人家裡正好有別的客人在，那這時候就不太方便講，應該用一個適當的方法，或請主人到另外一個房間，把贈送的意思表達出來，這個都可以。總而言之，不要讓在座的其他客人，知道你是在送禮，因為平素送禮總是有一些事情。其他客人知道你在送禮物，也許他沒有帶禮物來，他心裡會想：我這麼空手來了，覺得很不好意思，很尷尬。所以這些人情，總是需要注意瞭解。

但有的時候可以「不避」，雖然在座有別的客人，也不必回避。那就是初晤的時候，第一次見面。彼此之間原來不認識，或經由別人介紹，或你主動知道某人，你非常敬佩的來拜訪他，彼此新交情，現在初次見面。凡是初次見面在古禮來講，總是希望表示一點點敬意，帶一點東西意思意思，表示一番禮貌，這在接受的這一方，他也能夠接受下來，心理上沒有負擔，因為你只是禮貌上「約定俗成」，風俗習慣就是如此，初次見面都要表示一點禮物，受者也是認為這是合理的。如果第一次送禮就很貴重，那對方不能接受，這個古書裡面也知道，很多初次送重禮，古人都知道，無功不受祿！你沒有重要的要求，不可能送這樣重，所以他不敢接受。除這個以外，初次見面的禮貌，要送一點少許的，花錢不多的禮物，這個對方可以接受。像這裡的禮，遠來或初晤的送禮者，雖座有他客，也不必避諱，但其餘的則都要注意。

六、受贈先略謙辭後受，稱謝，逾日須往拜。

有人來贈送禮品，不能馬上就接受下來，總要略為表示一種謙讓，「辭」就是不好接受的意思，總得把意思表達出來，表示自己不敢接受，但是要真不受的話，也是不行，老師常講到，人家買東西來，你堅決不要，叫人家再提回去，這是很難堪的事情。這是純粹就聯誼方面來講，如果說是有利害關係，特別與職務上有關係的，比如公家機關申請某事，對方正在辦理這個事情，他就不能接受，受了萬一將來出事怎麼辦呢？除了那個以外，一般送禮只是一種純粹的禮貌，價值也不太貴，略為辭了以後，你就收下來。

收下之後還要稱謝，謝完了以後呢？過一個時候，所謂「逾日」，並不是第二天，指稍過一個時候，你再去回拜他，這就是所謂「禮尚往來」。一般交情是如此，假如交情已經很深厚了，有些是不拘常格，要看情況而定，這裡只能講個原則性的，懂得原則，實際上的運用要看各人，並以彼此交往情況加以斟酌，不是一成不變的。

七、長者賜，不敢辭。

第七條「長者賜，不敢辭」也是應該守的禮節。他是我們的長輩，既是我們的長輩，他給我們東西，我們不要辭，不要不接受。「辭」就是不接受，我們不要不接受，包括平素送的禮物，你就是陪長者在同一個席吃飯，長者挾了菜給你，你不要這個不好吃，我不要，那不行，你不能不接受，你就是不喜歡吃，長者送給你的話，這是他對你的一番厚愛，你要接受下來，這應有的禮節。

可是有很多人就不知道，長者送你什麼東西，哎呀！我覺得這位長者這麼大年紀，送東西給我，我沒有東西送他，那我現在不能接受啊！怎麼樣也不要，不能接受。那好了，在長者心裡就覺得很難受了，他是一番對你很誠懇、很誠意，對晚輩的愛護，拿這東西表示他的一番心意的，你不接受它，違背了他的心意，講到實際上的意思是這樣。

至於講禮貌，一般形式上的禮貌，所謂「辭而後受」前面所講的，這是平輩的來往是這個禮貌，如果長者送東西給你，你也辭而後受，哎呀！不敢當，我不敢接受，雖然後來還是受了，於禮就是不合。爲什麼？《禮記》裡面註解，「辭而後受」這是「賓主平交之禮」，賓主平輩的交往，這個禮節，「非少賤侍賓之道」，少是年少的，賤指地位比較低的，少年人侍奉年尊輩長的人，地位低的人侍奉地位高的人，都不應該如此。他是一個你直屬長官，他送一份犒賞的東西，慰勞的東西給你，那你就收下來。當然這情況要看這純粹是犒賞的，價值不很大，不很多，與貪污無關的，與貪污有牽涉有關係的話，有營私舞弊的話，那另當別論，這個要分清楚。

在家庭裡面，比如說，父母送你的東西，你跟父母還有什麼客氣的，父母送東西，自己就是接受下來；另外一般長輩送東西給你，你以晚輩身分，對長輩也不要推辭。大恩，父母之恩，在社會上人家助我度過這個我無法度過的難關，這是一個大恩，雖然他不是父母，然而沒有他的協助，問題解決不了，這都是大恩，遇到了這種大恩的時候，就不必說謝，爲什麼？因為這個謝是不夠的，報答不了這個大恩，所以就不講，不能講，那麼不能講到後來怎麼了？到後來的話，雖是當時不能講謝，你看中國人講孝，子女對於父母，大孝終身慕父母，講到大孝，雖是父母死了，有三年之喪，守孝三年，那不過是禮貌上規定是三年，三年之後還有永久的祭祀，終身都是思念父母，人受之恩惠恩德最大的就是父母。假若我們在社會上，得到別人很大很大的恩德，不是我們現在馬上就能夠，也不是我們能力，就能報答的，這都是大恩，這也是不能忘記。這不是當時所能報答的，這是有關乎長者送東西，我們就是從父母之恩，對待長輩應該如此，不必辭，受下來。懂得禮的長輩，會覺得你很有禮，很懂得禮。

這些道理，在今日之下，可以說我們不學，我們不會懂，實實在在的，我們在瞭解這個道理之前，我們自己犯過多少次錯，沒有守這個禮，我們自己犯了很多次，自己都不知道啊！現在我們知道了以後，就照様去做，你不管人家是很大年紀，他不懂這個道理，沒關係，他送東西，他摯心送的，他雖然不了解道理，你收下來的話，也合乎他的心理，稱心如意的，這也就合了禮了。

餽贈這幾條大致是如此，講得詳細的地方，還有很多。懂得這些原則也就差不多了。

（戊）慶弔

下面是慶弔，慶弔就是各種禮，中國古禮有五種，所謂：吉、凶、軍、賓、嘉。就是吉凶的吉，吉禮就是祭祀的禮，祭祀爲什麽叫吉禮？因為父母之喪守了一定的時期，喪事辦完了以後，滿了一定的時期，然後定期祭祀，祭祀之禮，除了祭父母、祭祖先、太廟、祭山川鬼神都叫祭祀。

祭祀的意義，祭自己祖先、父母，這是報德還本。你報德還本，有恩報恩，這是一個好處，自己有德，當然行為表示出來有功德，得到好處。祭天地也是報恩，人在天地之間報恩，除了受父母之恩外，天地對我們的恩德也大。這都是報恩的，報恩就有好處，所以祭祀之禮叫吉禮，好禮。

再就是凶禮，凶就是喪禮喪事。軍禮，國家軍中一切禮，出兵、出伐，一切的禮，古時候也講得很嚴格。賓是賓客，賓客是外交上的來往，國家的外交，一般人怎樣去見客人、待客人，這是賓主之禮。嘉禮呢？就是結婚的喜事；五大禮。這裡講慶弔，拿這兩個字，慶是慶賀的意思，弔是喪事，包括各種禮了。

一、參加吉禮，不談哀喪話，不戚容，不啼泣。

第一條「參加吉禮，不談哀喪話，不戚容，不啼泣。」我們參加吉禮，本來五禮：吉、凶、軍、賓、嘉，吉禮是祭祀，這裡是順著一般的講法，指婚禮、喜事，一切的喜事，包括婚禮、祝壽。這都是吉禮。

甚至於在祭禮，比如說祭孔，這都是吉禮，你參加這些禮的時候都是好事，在這種典禮場合，你不要談些哀喪的話。比如說我們參加一個婚禮，人家滿堂掛著喜幛，新郎新娘喜氣洋洋，雙方家那裡賀客盈門，我們心裡就是有什麼憂愁苦悶的事，不要在這個時候發作、歎息，臉上的不高興與愁容，憂惱苦悶也不要表現出來，因為這場合不對，這個是喜事場合。

人家做喜事，自古以來都要討個吉利，我們參加的客人總是要一團喜氣。不但要一團喜氣，在喜事當中，你一舉一動都要小心謹慎。比如說你在吃飯的時候，桌子上面擺著碗筷、碟子、杯子，那你舉手的時候，要小心翼翼的，不能說一個不小心把杯子掃到地面上，嘩啦，杯子跌碎了，人家主人要是小心眼的話，心裡就會不太高興，人家這是喜事，杯子打碎了不吉利。

在本省我不知道，在內地，喜事、做壽往往在宴會場合裡面，他都是不願意打破什麼東西，一切都是圓一個好。所以在這個場合之下，你處處行動言語都要小心，不要講些不吉利的話。

參加祝壽的禮，報紙上刊出一些笑話，幽默的故事，畫了一些漫畫，我們參加壽禮，準是你到人家家裡，甚至於你都講個壽字，都一定是好的，那壽字不一定表示都是好的，那衣服就不能講「壽衣」，這種情況就不能講，人家在祝壽，你加上一個壽字，那就犯了人家的忌諱。

所以這些說話言詞之間，總得要把它分別清楚，說那些不吉利的話，哀喪的話，對主人都是不太好的，失了禮。不能有憂戚的容貌面色，不能夠顯出不高興，更是不能啼泣，啼泣一般都是不會的，有時正參加宴會的時候，家裡報訊來有什麼突發事情，重大的不幸發生，如果不能克制的人，在慶賀場所，哇的一聲哭起來了。你想，多難看啊！人家做喜事，碰到這種場面，怎麼辦？在這種場合之下，就是家裡遇到什麼事情發生，也要克制，不聲不響的離開，告辭一下，然後出去再說，不能啼泣，破壞人家喜事的場面。

二、居喪不參加吉禮，只送儀物。

第二條「居喪不參加吉禮，只送禮物。」就是守孝的時候，守三年之喪，在居喪守孝的時候，穿的是孝服，就是現代不穿孝服，掛了一個喪事標誌在身上，這個參加人家的吉禮不適合。爲什麼呢？人家是祭祀、結婚、慶壽都要求取個吉利，遇到穿喪服，自己心情也不好，穿了喪服參加，人家看起來也不好。其實其他賓客是來賀喜的，看到一個穿喪服的人來了，人家到底是安慰穿喪服的人好呢？還是賀喜的好？這不調合，所以不參加為好。再就自己，就自己本人來講，自己在居喪守孝的時候，要一心一意的，心心思念過世的父母。

在內地，凡是守孝的人，逢到過年過節，過年的時候，在內地都是套貼春聯，那一般人都是用紅紙寫春聯，寫吉利的話；喪家這時候也貼春聯，但不是用紅紙，而是用藍紙，寫副對聯，寫的是什麼呢？最常用的是這麼一副對子，小時候常常見，念一兩遍在腦中印象很深刻，最常見的一副對子就是說：「守孝不知紅日出。」孝子在家裡守孝，不但白天，夜間他還在那裡守孝，思念父母親，思思念念，不知道從夜間守到天明，天明的紅日出來，他都不知道，可見他專心在那裡思念。下聯「思親常望白雲飛。」一心一意的思念過世的父母親，在家裡呆呆的望著天上的白雲，飛來飛去的。所以這幅對聯很能表達守孝期間，居喪期間孝子的心情。你想想看，一個孝子在家裡居喪的時候，專心在那裡守孝，他哪裡還有心情到外面去參加人家的喜事？沒有這心情。

至於人家辦喪事，自己也不必去，自顧都還不暇，哪裡有心情管人家呢？就是不必參加了。雖不參加，但有至親好友吉禮、結婚、做壽等事，送帖子來了，只要送一份禮物過去，「只送儀禮」即可，人可以不必過去。在古代送禮還不算，要人到才算夠交情，只送禮而人不到，這個交情還不夠味道；反過來說，人到了禮雖薄一點，對方看起來安慰。親自來了，這個味道是不同的。但是居喪期間，他送一份禮去，人雖沒出席，對方也不會見怪，他知道禮可以這麼做的。

三、喪服不入公門，不觀吉禮。

居喪期間，尤其父母親新死，百日之內穿披麻帶孝的喪服，那種喪服，不但不能入公門，就連普通人家也不能去，也不能去觀吉禮，為什麼呢？要替對方著想，因為這穿喪服、凶服到人家裡去，人家如果在辦喜事，心裡總是不大高興，穿凶服去參加喜事，這個不好。

四、賀婚在眾賓前，辭不諧謔。

我們去恭賀人家結婚，這是嘉禮。那在禮堂上，眾多賓客前面，要講話的時候，話最好不要多講，萬一對方要求，你就說些好話，千萬不要在那個場合說不正經的話，也就是不三不四的諧謔話。現在結婚有正式的典禮，古時雖無正式典禮，卻也相當隆重。有六禮成婚，前面不必說，就是到最後的迎親，親郎到新娘家把新娘接回來拜天地。新郎家裡請的賓客，這個大禮是不得了的，貴賓滿堂的時候，這種場合有時候要講話，有些人不懂禮貌，在結婚典禮上說些笑話，笑話要有分寸，喜事場合當然是輕鬆，輕鬆而不諧謔，這要得體。

一般正式結婚典禮，要求貴賓致辭，幾乎已經成一個風俗。有些不懂禮貌的，在這些致辭場合，要求新郎新娘報告他們的戀愛史，這下給難題了，這種婚姻大禮場合，是人倫的開始，男女結婚是人之大倫，男女雙方的主婚人、家長，還有媒人、證婚人都在場的時候，你叫他們報告戀愛史，這就是不三不四的話，這新郎新娘怎麼個開口啊！

假如遇到受新式現代教育的，他真正來個報告，那家長多難堪！在這種場合，家長又不能制止他，那可是出洋相了，這種不可以。同樣的賓客致辭時，講一些不合禮的事，都是非禮的。你不講則已，講幾句話，就是簡單扼要，說些祝賀的言辭，話也不必講得太長，那麼多眾賓客大家都在等，一般的心理，這不是教化、施教的場合，簡單扼要說幾句祝頌的話就行了，務必不要諧謔而失去自己莊重，也使對方難堪。

五、臨喪不笑。

臨喪就是人家有喪事，發了訃文，我們去參加喪禮。無論到殯儀館還是喪家家裡，都是喪禮。去參加喪禮叫臨喪，臨喪不能有笑容，不能談笑。古人都懂得這個禮，不會談笑的，不但不談笑，古禮凡是遇到至親好友，有關係的人來報喪，見了面聽到不好消息，當下就哭泣表示，那是誠心的哭泣。現在當然一般都不知道這個禮了，但最低限度，參加親友喪禮，千萬不能笑，笑就是一點同情哀悼的心情都沒有。現在有很多人參加喪事，遇到一些彼此都認識的朋友，平時見面少，這種場合一見面：「唉！大哥，您老哥好久不見面了。」一談起來，把喪事忘在一邊，這時高談闊論自己得意的事，海闊天空的聊，高聲談笑。這種情況就非常失禮。

參加這個場合，孝子的心情，我們要感同身受，即使不像孝子那樣的心情，最低限度也要有一種同情，一種哀戚的表示，所以不能夠笑。在《禮記》裡面講，不但是參加親友喪事不能笑，就是對於陌生人的喪事，也是一樣的，所謂「望柩不歌」，走在街上望了柩，出殯的棺材抬在道路上，我們遠遠望見了，雖然是不認識的，只要望見人家出殯，原來我們自己在路上唱歌，看見這個就不能再唱了。就是居家看見門外有出殯的，在家裡也不能唱歌，尤其我們學道的人，學佛的人。

各位看看《龍舒淨土文》，宋朝的王龍舒老居士，不得了的，淨土宗第十三代祖師，印光祖師老人家原先眼睛不好，後來看了《龍舒淨土文》，才一心一意地學淨土，所以《龍舒淨土文》很重要。在淨土文裡面講，我們念佛人，遇見任何不好的事，都給他念念佛。比如在路上走，看見屠宰的，動物將要被殺了，我們有能力就買下來放生，沒有能力就念念佛替牠回向，這都是很好。根據這個，凡遇到一切眾生，受了悲慘的遭遇時，我們都給牠念念佛回向。念念往生咒，這都是可以辦得到的。遇見大災難死亡很多，慘重的大凶案，我們也方便的給他念佛回向，都可以辦到的，不必等到聽經的時候再回向，聽經的時候當然也要回向，臨時培養自己同情眾生遭遇的心理，修道人這樣做，臨喪更不可以笑，心理要在喪事上面。

六、裏有殯，不巷歌。

這個精神還是一樣，同一個鄉里，「有殯」就是出殯。所謂殯就是入了殮，包括停柩在喪宅，還沒有葬，都叫殯。同里間有殯，「不巷歌」就是不要在巷子裡唱歌，就是在家裡唱歌，聲音也要小一點。在巷子裡唱歌，人家聽到了還以為，哪來這個不知禮的人，在這裡還在唱歌呢？別人就講話了。所以鄭康成注解是：「裏有殯，不巷歌」是助哀也。是幫助喪家一種哀慟。

七、飯於喪家，酒不赭顏。

內地一般人做喪事，都是請客的，發了訃文出去，定某日某時舉行喪祭。親友當中有的是近路，有的是遠路來的，當然要送禮，舉行喪祭後，雖是喪家，還是要請客吃飯，吃飯間當然也有酒，喪家雖是辦喪事，還是要拿出平常的禮來招待客人，有飯也應該有酒，招待雖有酒，但是來參加喪事的客人，飲酒不能多飲，略為表示而已。所以這個酒不至於「赭顏」，「赭」微微的紅色，泛了紅暈，顏就是面貌，酒喝多了臉上一定發紅。酒稍為飲一點點，不能多喝，多喝就表示作賓客來此，沒有一點哀悼的心理，沒有同情心。

《論語・述而》篇曾說：「子食於有喪者之側，未嘗飽也。」孔子在有喪者之側，就是在喪家吃飯的時候，不僅酒不赭顏，連吃都吃不飽。如果說非要吃得很飽，跟平常一樣，還是照樣吃喝，注解裡講，這就是沒有惻隱之心！人家在喪事，可以說是哀痛得不可言狀，做客人的哪裡還有心情飲食！鄰居家裡有喪事，自己在隔壁也要克制，買房子你不要在殯儀館、醫院旁邊，醫院照例有太平間。並不是怕鬼，我們學佛人都知道，人死後不一定就變鬼，不知道轉到那一道裡去了。但是有一層要注意，根據儒家講惻隱之心，佛家講慈悲憐憫眾生，像殯儀館、太平間、火葬場，你住在旁邊，新死了一個人，他家人在哀嚎痛哭，假如住在旁邊，心裡很難受啊！是這樣的原因。

八、佩會葬徽章者，禮終即卸去，不佩戴他往。（此節係李炳南教授講述）

此是現在話，你要是佩著會葬徽章去了，種種不一，百布或花等等，都有符號，在靈前表示有哀悼之心，要是行禮完了，只要孝子回來，就把所戴徽章摘下來，不可忘了帶到別的地方，上誰家去都不高興，人家又沒死了人，你看台灣，不許帶著這個上人家家去。咱家有喪事，鄰居靠近的兩家都拿一塊紅布用釘子釘上，為什麼？大家講不上來，怕鬼魂走錯了門。

中國是禮儀之邦，在地球上五千年是不會亡族的，以後可不敢說。孔家店要是永遠打倒那就不敢說。要是孔家店打不倒，中國五倫存在著，是不會亡族的。

（亥）稱呼

在社會上跟人來往，「稱呼」是必須要有的學問，無論跟人見面談話，都用得上。如果要考據每個稱呼的來源，那就麻煩了，非常複雜。這裡我們注重實用，懂得什麼人該用什麼稱呼就行了。有些必要的名詞，須得解釋一下。

一、初見面之人問姓，曰貴姓，問名，曰台甫，自說姓曰敝姓某，說名曰草字某某。

我們跟某人原來不認識，第一次見面，見面的時候，問人家姓什麼，就是叫貴姓，問名呢？問台甫，自己說姓，就說敝姓某，說名字呢？說草字某某，草字是謙虛、虔誠的意思，一般都是這麼的講法。

二、有親戚世交者，應各以其名分彼此相稱。普通稱人曰先生或某兄，自稱曰弟。老者長者，稱曰老先生，自稱曰後學，或稱自名。

親戚名分當然按輩份來叫，世交呢？世交最低限度，也是從父親這一輩開始就有交情的，或者再早，就是祖父母，祖父母以上的曾祖父母，往往有的好幾代下來，世交當然都有名分，父親的這一輩份，就是稱呼人家老伯，普通稱人沒有世交也沒有親戚的，普通稱呼某某先生，或某老兄或某兄，自稱是弟。如果是年紀老的，或者年紀雖然不老，但是比自己年齡長，可以稱為老先生，自稱後學，或者稱自己名字，這都可以。

三、稱人之父曰令尊，母曰令堂。向人稱自父母，曰家嚴，曰家慈。見朋友之父稱老伯，母稱伯母，自稱晚或侄。

稱呼人家父親，加一個「令」字，令是美善的意思，令尊是父親，母親叫令堂。所謂令堂，這稱呼怎麼來的？根據《詩經·衛風》裡面兩句話，「焉德諼草，言樹之背」，諼又作萱。萱草名叫忘憂草，忘記憂愁，也叫作「宜男」，懷孕的女子常攜帶這個草，可以生男孩子，所以又叫作宜男；「言樹之背」，「背」就是北邊的堂屋，稱作北堂，這二句話的意思是說，哪裡能得到忘憂草，把它栽在北邊堂屋的北方，可以幫助忘記自己的憂愁。因此拿這草比喻母親，種在北堂，北邊的堂屋，因此稱母親也叫做令堂、令萱，典故就是從這裡來的。

「向人稱自父母」對著人家稱呼自己的父母，父親叫家嚴，母親叫家慈。見朋友的父親稱老伯，母親稱伯母，自稱晚或者侄。即使對方年齡比自己父親小，還是要稱老伯，尊重人家的意思，比如普通來往的朋友，他年齡比我們小十幾歲，我們照樣稱他老兄，這並不是以年齡來比的。所以我們的小孩見到他，當然應該稱老伯，怎麼可以稱叔叔呢？這個應該知道的。除親戚、世交、結拜兄弟等有名分的，要依照名分稱呼外，其他的應該都稱老伯、伯母。稱男的可以加個老字，伯母就不要稱老伯母了，女子你稱呼她老，是不大合適的。

四、稱人之祖，曰令祖公，祖母曰令祖太夫人。向人稱自祖曰家祖，祖母曰家祖母，見人之祖父祖母，稱太老伯，太伯母，自稱己名即可。

人家的祖父也加個令字，令祖公。祖母呢？叫令祖太夫人。向人稱自祖叫做家祖，祖母叫家祖母。見人之祖父祖母，稱太老伯，太伯母，自己稱呼自己名字就可以了。

五、稱人之兄弟，曰令兄，曰令弟。向人稱自兄弟，曰家兄舍弟。稱人之姊妹，曰令姊令妹。向人稱自姊妹，曰家姊舍妹。見人之兄弟，稱幾先生，或幾兄，自稱小弟。見人之姊妹，統稱幾姊，稱自曰小弟。（書款則稱侍）

「稱人之兄弟」是令兄、令弟。向人稱自己的兄弟，叫家兄、舍弟，一個字都有一個字的用法，家兄、舍弟，你不能說是舍兄、家弟，「舍」用的是比自己輩份小一點。兄、父母比自己長，加一個「家」字。稱人之姊妹，曰令姊、令妹。向人稱自己的姊妹，叫家姊、舍妹，上面這個字是要注意的。見人之兄弟，稱幾先生，看見別人的兄弟，大先生，二先生，大哥，二哥，自稱小弟。稱幾先生，稱幾兄，自古以來都表示親切的意思。比如說，我們念過唐詩，唐詩往往稱呼某某的排行，魏十八、王十幾，這都是表示一種親切的稱呼，稱人家弟兄第幾位。

見人家之姊妹，統稱幾姊，大姊、二姊、三姊、四姊、五姊，自己自稱叫小弟。書款可稱一個「侍」。「侍」是侍者，因對女子，比如人家的姊妹講話，談話可以稱小弟，你寫信或是寫書法，人家把作品掛起來，寫小弟在上面好像不太合適，應該用文雅一點。稱個「侍」，就是自己謙虛，是侍從、侍者的意思。不但見人家姊妹要這樣，比如我們老師，現在誰有他老人家年齡這麼高呢？他給一般女士寫字，落款還是加一個「侍」字，這都是稱呼上一個謙虛的意思。

六、稱人之妻，曰令正或尊夫人，向人稱自妻，曰拙荊或賤內。見人之妻稱嫂，自稱己名，（女子可自稱妹）。

稱呼人家的太太，叫令正，或者是尊夫人，為什麼叫「正」呢？《周易》說：「女正位乎內。」女子他是在家裡，處理家裡的事，是正位乎內的，在家他處在正位，所以稱別人的太太叫令正，或者尊夫人；向人稱自己太太就叫拙荊或是賤內。賤內好懂，內是內人、內子，加個賤字，不是什麼高貴，是自己貧賤，要知道這個賤，不是指自己的太太賤，而是自己的賤。至於拙荊呢？拙是很笨拙的，荊是什麼呢？荊是一個樹木的名稱，質料不是很好。古時候女子頭髮上別的釵，在富貴的女子，別的金玉的寶釵，普通人家的婦女，釵也用很好的木料做的。而貧窮人家女子，所用的木料就不很好，是荊木做的。

在劉向寫的《列女傳》裡，把漢以前歷代女子，品德學問都非常高的編成傳記。其中有一則是，東漢孟光的傳記。孟光是梁鴻的妻子，梁鴻是個有學問，但家很貧窮的人，孟光則是很賢慧的女子，夫妻二人可說是相敬如賓，孟光頭上所別的就是荊釵，用荊樹做的，荊釵、布裙、布衣，用布料做的衣裙。後來凡是做丈夫的，對人家稱呼自己太太，就叫拙荊，這是謙虛的意思。「見人之妻」與上面「稱人之妻」不同，「見人之妻」是跟人家太太見了面，當面稱她某某嫂，稱嫂嫂，自己稱呼自己名字，如是女子，見到人家太太，也是稱嫂，自己則自稱妹。

七、女子稱人之夫，曰尊府某先生，向人稱自夫，曰外子。見人之夫稱某先生，自以避免稱呼為佳，如必要時，只稱本人即可。

女子要稱呼人家的先生，怎麼稱呢？稱「尊府某先生」，某是他的名字，「向人稱自夫」，對別人稱呼自己的丈夫，叫外子。男主外，女主內，所以女子稱丈夫為外子，丈夫稱自己太太內子或內人。見人之夫稱某先生，跟人家丈夫見面，當面稱呼某先生，自己以避免稱呼為佳，對人家丈夫，自稱妹也不合適，所以可以避免稱呼。必要時可稱本人這二個字，也可以了。古時候，女子也謙虛一點，稱妾，現在也不通行了，不能這樣稱呼了，古今名詞變更很多，稱本人就可以了。

八、稱人之子，曰令郎或公子，稱人女曰令愛或女公子。向人稱自子，曰小兒，女曰小女。見人子稱世兄，自稱弟。稱女曰世姐，自不稱。

稱呼人家的兒子，普通叫令郎，令是佳、好的意思。或稱公子、貴公子。稱呼人家女兒叫令愛，或女公子。向人稱自己兒子叫小兒，這是現在普通的稱呼方法。古時候還有稱豚兒，犬兒，小豬啦！

小狗啦！古時候都是這麼稱呼，現在不必那樣，叫小兒就可以了。女兒則叫小女。

「見人子稱世兄」，見到人家兒子的稱呼。世兄這個稱謂要特別注意，多半是有世交的才如此稱呼，不能隨便稱人家世兄。比如我跟人家父親見過幾次面，他兒子一來，就稱呼他世兄，這也不好。世兄是有世交、有名份的，才稱他兒子叫世兄，所以是有世代之交的才叫世兄。雖然是稱兄，在習慣上懂禮的都知道，一稱世兄，就是長輩稱晚輩的稱呼。普通人不曉得，也隨便稱平輩的人世兄，那人不懂也就罷了，對方要懂的話，他可以不接受，就是勉強接受，心裡也不高興，你以長者自稱，這不禮貌的。

以為自稱弟已經很客氣了，不知道這個稱呼代表你跟他父親是同一輩份，稱人兒子世兄，以為加個兄是很恭惟了。就等於現在學校裡面，老師本來稱學生們，稱徒、稱弟子，現在客氣也稱同學，這名詞本來是同學彼此稱呼，現在變老師稱呼學生一個通行的名詞了。既然這個名詞被老師佔用，同學彼此就不好稱呼了，所以彼此稱呼學長這比較恭惟一點，雖然你是同級還是要稱學長。自稱弟。稱女呢？叫世姐，自己不要稱了，你稱人家世姐，自己再稱弟，對女子稱呼也不合適。

九、稱人之孫及孫女，曰令孫曰令女孫。向人稱自孫及女孫，曰小孫，曰小女孫。見人之孫及女孫，稱幾公子、幾小姐。

稱人之孫及孫女，那叫令孫，令孫女，令女孫。向人稱自己的孫子、女孫？叫小孫，小女孫，小孫女。自己加個小字，總不會錯。見人之孫及女孫，稱幾公子，幾小姐，你跟人家的祖父有交情，他的孫子，孫女兒，女孫子，你跟他們見面了，還是稱他二公子、三公子、二小姐、三小姐，還是這麼稱呼，小姐、公子還是通稱的。

十、稱人或稱自己已故上輩，統加一個先字。如稱人之故父母，曰令先尊，令先太夫人，稱自之故父母，曰先嚴先慈之類。稱人已故下輩，不必另加字，只云「以前某兄」即可。稱自故下輩，但加一亡字，或云「以前某某」亦可。

稱人或稱自己已故上輩，自己已經過世的長輩，統加一個先字，先就是已經過世了，例如稱呼人家父母，就是令先尊，令先太夫人這可以。稱自己的故父母呢？就是先嚴、先慈。稱人已故下輩，不必另外加字，只說是以前某兄，那就可以了。稱自己的已故下輩，下輩加一個亡字，或云以前某某，就可以。「亡」讀歷史，讀古人的書，叫亡兒、亡子、亡孫，這都是常有的。

十一、稱人之姑丈，姑母曰令姑丈，令姑母。向人稱自姑丈姑母，曰家姑丈姑母，見人之姑丈姑母，稱老先生，老太太，交厚者，可稱老伯，老伯母。

稱人之姑丈姑母叫令故丈，令姑母，向人稱自姑丈姑母，是家姑丈，家姑母。見人之姑丈姑母，稱老先生，老太太，交情厚的，可稱老伯及老伯母，就可以的。

十二、稱人之舅父舅母，曰令母舅令舅母。向人稱自舅父舅母，曰家母舅，家舅母，見人之舅父舅母，稱謂仿前。

稱呼人家的舅父舅母，叫令母舅，令舅母，向人稱呼自己的舅父舅母，是家母舅、家舅母，見人之舅父舅母，稱謂同前。舅比如說是舅父舅母，現代也有個稱呼，現代男子稱太太的兄弟也稱舅，大舅舅、二舅舅，現在也都這麼稱呼。這裡講的是長輩，比如說自己母親的哥哥，稱母舅，大母舅、二母舅。哥哥有嫂、弟弟有弟媳，通稱舅母。

十三、稱人之岳父岳母曰令岳，令岳母。向人稱岳父母，曰家岳家岳母，見人之岳父母，稱謂仿前。

稱人之岳父岳母，稱令岳，令岳母；向人稱自己岳父母，稱家岳家岳母，見人岳父母，稱聲老伯、伯母就可以了。大家都講岳父老泰山，泰山就是東嶽泰山。為什麼稱岳父叫泰山呢？因為在泰山上有一個峰，叫丈人峰，過去稱自己太太的父親為丈人。稱人家太太的父親也是稱令岳或是泰山。至於岳母呢？有一個名稱叫泰水，泰山有名字可以考察，至於泰水是怎麼考據呢？古人也沒有考察出來，為什麼岳母叫泰水誰也不知道，我是這樣想法，大概山水這兩個字並稱，有山有水，所以岳父叫泰山，岳母連帶的也就叫泰水，這是沒什麼根據的，也不知出在古人那一本書裡面。

十四、稱人之內侄曰令內侄，稱人之甥曰令甥。稱人之婿曰令壻。向人稱自內侄、甥、壻，曰敝內侄，曰舍甥，曰小壻。

太太兄弟的兒女，都可以叫內侄，稱呼人家的內侄叫令內侄。稱人之甥叫令甥，甥是姊妹的兒子叫甥。稱人之壻叫令壻。壻字寫錯了，應該是士字邊，女兒的丈夫叫做壻，妻子稱丈夫也可以稱作壻，現在大部分通行的，就是女兒的丈夫。現在女子稱丈夫，大都稱先生而不稱壻。只有岳父岳母稱自己女壻，為壻，為什麼是這個壻呢？壻這個字就是長的意思，比自己女兒要長一點，是女兒的長，為什麼編個士字邊呢？這個士字邊是儒者、讀書人，士人是儒者的稱呼，士字邊再加一個胥字，胥是有才能有智慧的一種稱呼，一個人家選女壻都是選好的，他就是一個讀書的士人，一個儒者，就是有才有智的好女壻，稱為壻。所以這個字寫邊，要寫士字邊，不寫女字邊了。

另外，向人稱自己的內侄，自己的甥，自己的壻，統統加一個敝字，敝是自己稱呼，表謙虛的意思，和「令」字相背，稱呼人家加個令字，自己稱則加敝字。這個「敝」字本來不要那個反朋邊，就是左邊那個字，中間是個毛巾的巾字，加上四點，原來毛巾好好的，加了四點表示染汙，或是破了四個洞，這個毛巾就變壞了，拿這個字比喻凡是一切事，不怎麼珍貴的，變成這麼一個字。這是自己謙虛，自己的事情叫做敝，例敝甥，舍甥，或者是小壻，這都可以的，中國的習慣稱呼都可以。

十五、稱人之親友，曰令親曰貴友。向人稱自親友，曰舍親敝友。

稱呼人家的親友，叫做令親或者叫做貴友，這是普通的稱呼。向人稱自己的親友叫舍親敝友。

十六、稱人之師曰令師，生曰令高足。向人稱自師，曰敝業師。稱自生曰敝徒。自稱師，曰夫子或吾師，稱自曰受業，或曰門生。

稱人之師叫令師。稱人家的學生是令高足，或是令高徒都可以。向人家稱自己老師是敝業師。講到這裡大家注意，稱呼上面都對自己老師加個敝字，寫文章時，千萬不要把自己老師捧得很高，這個不大合適。為什麼呢？老師好，所謂名師出高徒，所以老師好，表示自己也好，有互相標榜的意思！所以寫文章或跟人談話，自己不要失禮，就是人家稱讚我們老師多麼好，自己自然也不能拒絕，但也不能自己再加上讚美，很自然應付過去就可以了。千萬不可以：「哦！你說我們老師好，那你還有很多沒講到，還有更好的，更值得尊敬的地方。」那好了，你這一講話，人家就笑話了。

許多流行雜誌都是這樣，這是不懂禮，稱自己的徒、生叫敝徒，自稱師，自己稱呼自己的老師呢？稱夫子或者是吾師。民國初年，稱老師還稱先生。我們在家鄉讀書的時候，無論在學校或私塾裡面，我們稱老師一律稱先生，現在也不通用了。這個名詞被太太享用，太太稱自己丈夫，稱先生了。即使那樣，中國的語言文字，自古以來變動很大，有些原來的意思，慢慢就不用了，先生這個名詞就是這樣。現在大家稱老師，就不必用先生了。但有些人還是這麼稱呼，比如說在陽明山的周邦道老師，他稱我們老師還是稱先生，禮謝先生，不是禮謝吾师，還是這麼稱呼，按照古禮這個稱呼是對的，懂禮是知道的。自己對老師稱呼受業或者是門生，稱徒也可以，稱學生也可以。

十七、稱人之長官，曰貴某長（院部廳局等）。稱人之屬員，曰貴部下或貴屬。向人稱自長官，曰敝某長。稱自屬員，曰敝同事或敝屬，稱其某姓某職亦可。

稱人長官叫貴某長。他是部長，稱貴部長；是廳長，稱貴廳長；貴局長、貴院長等，都可以加個貴字，然後加一個職務的名稱。稱人之屬員，他的部下叫貴部下，或者是貴屬。向人家稱呼自己的長官，叫敝某長，如敝廳長等；稱自屬員叫敝同事，敝自己是謙稱，不好意思講他是自己的部下，所以曰敝同事，或者是敝屬就可以了。稱其某姓某職也可以，現在普通人都稱某先生，例如張先生、李先生，或者稱他的職務也行，如張課長、某校長也行。

十八、稱人之主人，曰貴上，稱人之僕，曰尊紀。向人稱自主人，曰敝上，稱自僕曰小价。

「稱人之主人」稱呼人家的主人，古時候得用貴上。稱人之僕人叫尊紀。尊紀是簡稱，本來是「紀綱」二個字。紀是紀綱，倫理綱常。《左傳》魯僖公二十四年記載，秦國秦伯送了三千人給晉國，在魏國魏家有三千俘虜，送給晉家，說是給你作紀綱之僕。僕就是僕人，這僕人不是普通僕人，他是可以做紀綱的僕人。紀綱是維護法紀，也就是維護、執行制度。就是說這僕人可以給你辦很多重要的事情。因此稱呼人家的僕人，普通叫紀綱。紀綱再比較客氣一點？綱字不要了，叫尊紀，來源是這樣的。

自己是人家的僕人，在向別人稱自己主人時，就稱敝上；向別人稱自己僕人叫小价。這個价字不要人字邊也可以，古時候賓主見面，主人身邊都帶有僕人，僕人還是有分等的，有些不懂禮的僕人，只能在家裡聽候主人差遣、伺候主人；有才能的僕人，能得體地與人應對進退，這樣的僕人才能帶出去，這一個帶的僕人就叫价，价就是价紹，是連絡的意思，無論是國家或者私人，主人交流之前，彼此間會有一些聯繫或介紹的工作，中間就是由价來完成，上面加上小字，就稱為小价。价字也是幫助的意思，以此來稱自己的僕人。

（附說）

一、稱呼一事，本甚繁雜，各地習慣，直接見面之稱尤多不同，故難備載。本編謹錄其對外交際通常用者。

最後說明一些附帶的提醒。稱呼的事本來就非常繁雜，因為各地方的習慣不同，直接見面的稱呼，尤其多所不同，所以很難備載。就是說各地的習慣，實實在在有很大的差異。見面的時候稱呼也不同，比如我們現在稱自己或別人的祖父，叫做爺爺。但在內地，古時候爺字稱父親，不但如此，阿爺是大兒對自己父親的稱呼，江南、長江流域這一帶，這個爺字，稱父親這一輩分，稱伯父稱叔父，伯父稱大爺，叔父稱二爺、三爺，是這麼稱呼的；在北方，爺爺是對祖父的稱呼。

例如在北方或在臺灣，稱父親都叫爹。可是在江南這一帶，爹爹是稱人祖父的，例如老爹爹、某老爹，都是稱人家祖父的。稱呼各地不同，習慣也不一樣，所以我們到一個地方，還是要特別注意。懂得這個，在稱呼的十八條上，大致都能通用，照這樣做就沒有大問題。大陸內地地大物博，一個地方有一個地方的稱呼。古時候，一個省份或是二個省份，在春秋戰國時都是一個國家，所以他的言語、風俗、習慣都有所不相同。在古時候有一本書叫《方言》，列出各地方的稱呼，種種不一樣，這裡面只是錄其對外交際常用者。至於其餘的還有很多，不必詳細。那本書把各種稱謂來源，考據得很詳細，但現在研究不大適用。

二、親戚之間，稱呼甚為微細，每有錯一字而貽笑者。茲編本為舉要，專為常用，故不詳載。

第二條附帶說明，親戚之間稱呼甚為微細，中國講五倫，除了家族高曾祖父到自己、子、孫、玄孫等九族以外，還有橫向方面，也就是母系、妻系，女兒出嫁這一系，與兒子娶太太這一系等，這些都是親戚。親戚之間的稱呼很微細，「每有錯一字，而貽笑者」，錯了一個字就留給人家很多笑話。這裡所舉親戚間的稱呼，也有舉其要，不能詳細的記載。

以上講這麼多，還有共同的稱呼。比如說最常見的，人家夫妻兩個，我們要稱賢伉儷。譬如寫信、給人家祝壽，夫婦二人共同作壽，對方夫妻二個人一起稱呼，就是伉儷，這是出於《左傳》的典故。還有稱人父子不能說是令父子、賢父子，不好這麼稱呼，要稱人家「橋梓」，稱人家的父子「賢橋梓」。周公教成王時，由於成王是皇帝，要怎麼教法呢？他讓自己的兒子伯禽，陪同成王學習，成王有什麼不對的話，專門教伯禽，打罵伯禽。

剛開始的時候伯禽與周公見面，父親就先給他三棒，於是伯禽就去請教商子，商子很懂禮貌，很有學問，就告訴他，你跑到南邊的山看看，再到北邊的山看看，南山有很高大的橋木，北邊有一顆梓樹，樹枝往下低垂。南山有橋高而仰，可從下麵仰望，此父道也。為父之道，他就是高高在上，為人子者，應該對父親有一種仰望。北山有梓，低而俯，北山的梓樹，長得很低，頭又低下來，這就是子道，為人子的應有的尊父之道。既是做子的，一切就是要聽從父親的教導。

所以後來稱呼人家父子，就稱橋梓。像這類稱呼很多，只要自己留心，人家也許不知道這些稱呼，可是將來，大家都有了年紀，年高德劭的時候，有晚輩來信請你跟他回一封信，或是人家請你賜給他一封墨寶，你落款的時候，就要注意，遇到這種情形的話，你要知道怎麼稱呼，不能太俗。現在有很多字寫得好，不知道怎麼落款，怎麼稱呼，那就是美中不足。題款也是一種學問，這大家自己多注意就可以了。

這些名詞要詳細考據來源，很複雜，所以知其然就可以了。不是短時期可以把這些研究得完。但是有能力還是可以涉獵，萬一人家研究，問這個名詞，我們可以為人說明。中國文化普通名詞裡面，含有很多意思，任何一個稱呼，都代表它重要的內涵。父子有父子的意思，夫婦有夫婦的意思。兄弟有兄弟的意思，都有意思。這個課程到這裡講完了。

中华文化讲堂系列图书

序号	书名	著者	定价
“治要”系列			
1	《群书治要》考译	（唐）魏徵等	298.00
2	《群书治要》译注（全二十八册)	（唐）魏徵等	420.00
3	《群书治要》译注（精装全十册）	（唐）魏徵等	980.00
4	《群书治要》译注（简体全十册）	（唐）魏徵等	420.00
5	群书治要（原文版）	（唐）魏徵等	128.00
6	《群书治要》360	（唐）魏徵等	15.00
7	品读《群书治要》	刘余莉	32.00
8	《群书治要》心得	萧祥剑	32.00
9	《群书治要》五十讲	萧祥剑	49.80
10	国学治要（全八册）	张文治	320.00
11	群书治要菁华录（全三册）	（唐）魏徵等	98.00
12	古镜今鉴：《群书治要》故事选	（唐）魏徵等	29.80
13	建国君民，教学为先：《群书治要》的启示	刘余莉等	25.00
王凤仪伦理思想系列			
1	王凤仪讲人生	王凤仪	32.00
2	王凤仪诚明录	王凤仪	29.80
3	王凤仪嘉言录	王凤仪	29.80
4	王凤仪言行录	王凤仪	29.80
5	王凤仪笃行录	王凤仪	29.80
6	来自山沟的大智慧(全二册）	以志	58.00
7	王凤仪年谱与语录(全二册）	王凤仪	48.00
8	王凤仪性理讲病录	王凤仪	29.80
9	家和万事兴	王元五	29.80
10	家和万事兴Ⅱ：伦理道德与幸福人生	王元五	25.00
钟茂森儒释道经典讲座系列			
1	《孝经》研习报告	钟茂森	29.80

2	《朱子治家格言》研习报告	钟茂森	25.00
3	《弟子规》研习报告	钟茂森	18.00
4	《太上感应篇》研习报告	钟茂森	18.00
5	《十善业道经》研习报告	钟茂森	18.00
6	找寻中国精神	钟茂森	25.00
7	《了凡四训》研习报告	钟茂森	25.00
8	细讲《大学》	钟茂森	25.00
9	钟博士讲解《弟子规》	钟茂森	22.00
10	钟博士简讲《孝经》	钟茂森	22.00
11	细讲《论语》	钟茂森	23.80
12	细讲《论语》Ⅱ	钟茂森	23.80
13	窈窕淑女的标准	钟茂森	29.80
14	中国精神	钟茂森	10.00
15	《文昌帝君阴骘文》讲记	钟茂森	108.00
16	母慈子孝	钟茂森	19.80
17	赵良玉钟茂森母子讲演录全二册	赵良玉 钟茂森	16.00
18	《论语》讲记（全九册）	钟茂森	360.00
女德教育系列			
1	女四书·女孝经	（清）王相	18.00
2	女子德育课本	蔡振绅	18.00
3	窈窕淑女的标准	钟茂森	29.80
4	《女四书》白话解	沈朱坤	15.00
5	齐家治国 女德为要	陈静瑜	26.00
6	《女四书·女孝经》译注	（清）王相	26.00
7	《教女遗规》译注	（清）陈宏谋	32.00
8	《天下太平之根本》学习心得	萧祥剑	18.00
童蒙养正系列			
1	五种遗规	（清）陈宏谋	58.00
2	民国老课本（全五册）	沈颐、戴克敦等	75.00

3	《养正遗规》译注	（清）陈宏谋	32.00
4	《弟子规》图说	（清）李毓秀	6.00
5	德育课本（全四册）	蔡振绅	128.00
6	言文对照小学集注	（宋）朱熹	32.00
7	民国小学生作文文库（全八册）	蔡元培等	240.00
8	民国老作文：全国学生国文成绩新文库	蔡元培等	120.00
9	常礼举要讲记	徐醒民	20.00
10	澄衷蒙学堂字课图说（全八册）	刘树屏	240.00

深入经藏系列

1	《阿弥陀经》白话解释	黄智海	20.00
2	《观无量寿佛经》白话解释	黄智海	20.00
3	《普贤行愿品》白话解释	黄智海	20.00
4	《心经·金刚经》白话解释	黄智海等	20.00
5	《无量寿经》白话易解	净空法师	20.00
6	《地藏菩萨本愿经》白话解释	胡维铨	20.00
7	改过修善、惜福积福——《太上感应篇》讲记	净空法师	26.00
8	改造命运、心想事成——《了凡四训》讲记	净空法师	26.00
9	印光法师文钞全集	印光法师	168.00
10	感应篇汇编	印光法师鉴定	68.00
11	安士全书	周安士	68.00
12	《佛说阿弥陀经要解》讲记	净空法师	30.00
13	《六祖坛经》讲记	净空法师	30.00
14	《地藏菩萨本愿经》讲记	净空法师	30.00
15	《阿难问事佛吉凶经》讲记	净空法师	30.00
16	《无量寿经菁华》讲记	净空法师	30.00
17	《十善业道经》讲记	净空法师	30.00
18	《发起菩萨殊胜志乐经》讲记	净空法师	30.00
19	《金刚经》讲记	净空法师	30.00

国学经典系列

1	张居正讲《大学 中庸》	（明）张居正	24.00
2	张居正讲《论语》	（明）张居正	32.00
3	张居正讲《孟子》	（明）张居正	42.00
4	读易简说、儒学简说	徐醒民	32.00
5	悦心集	（清）雍正	29.80
6	《论语》讲要	李炳南	36.00
7	文白对照曾国藩家书全编（全四册）	（清）曾国藩	198.00
8	言文对照《古文观止》	宋晶如	48.00
9	曾文正公全集（全二十三册）	（清）曾国藩	698.00
10	中华传世经典藏书（第一辑）全十册	王应麟等	100.00
11	纳兰词笺	（清）纳兰性德	29.80
12	曾文正公家书（正体竖排）	（清）曾国藩	78.00

其他系列

1	《中华文化大讲堂》第一辑	诚敬和	32.00
2	《中华文化大讲堂》第二辑	诚敬和	32.00
3	《中华文化大讲堂》第三辑	诚敬和	32.00
4	企业人的道德修养	慧祥	25.00
5	人生宝典：了凡四训、俞净意公遇灶神记、心相篇、保富法、王凤仪嘉言表	和谐	29.80
6	曾国藩传	蒋星德	29.80
7	家和宝典	刘光启	29.80
8	踏对人生的脚步	蔡礼旭	25.00
9	建立理智的人生观	蔡礼旭	22.00
10	老人言	净空法师	29.80
11	民间国学手抄本	周本寿	29.80